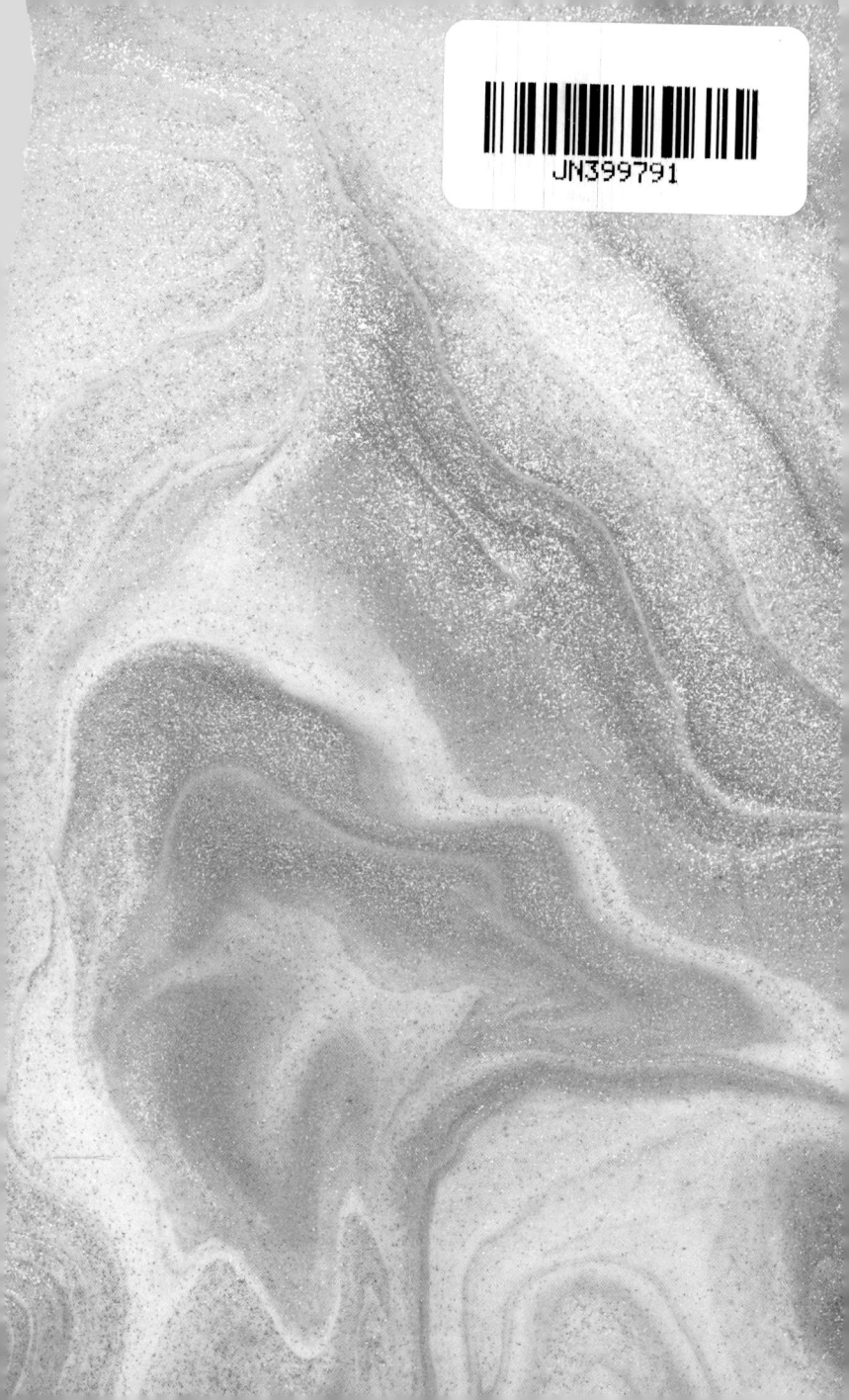

제3의 응전

THE THIRD RESPONSE

모종린 지음

기계·인터넷·AI,
기술 혁명에 응답한 인간의 전략

제3의 응전

21세기북스

프롤로그

다시,
기술을 인간답게

AI 시대가 본격화되면서 기술과 인간의 관계를 다시 고민하게 되는 시점에 이르렀다. 특히 ChatGPT와 같은 생성형 AI의 등장은 인간 고유의 창조성과 자율성에 대한 근본적인 의문을 던지고 있다. 단순히 기술의 유용성이나 위험성을 논하는 차원을 넘어, 인간의 고유한 창조성과 자율성은 기술 발전 속에서 어떻게 실현될 수 있을까?

이 질문에 답하려면 먼저 기술과 인간의 관계에 대한 역사적 경험을 살펴볼 필요가 있다. 19세기 산업 혁명 이후 인류는 세 차례의 중요한 기술 혁명을 경험했다. 그리고 그때마다 기술을 인간화하는, 즉 문화를 통해 기술을 바로잡는 응전이 있었다.

'기술의 인간화'란 기술이 인간처럼 되는 것을 의미하지 않는다. 오히려 기술을 인간의 고유한 창조성과 자율성을 실현하는 방향으로 발전시키고 활용하는 것을 뜻한다. 역사적으로 문화와 문화 운동은 이러한 기술 인간화 과정에서 세 가지의 핵심적인 역할을 해왔다. 개인 차원에서는 개인의 자아실현과 창의성을 확장하고, 사회적 차원에서는 공동체성을 회복하며, 문화적 차원에서는 다양성을 보존하는 것이다. 이러한 역할들은 서로 긴밀히 연결되어 함께 작용하면서 기술의 인간화를 실현한다.

대표적으로 19세기 미술 공예 운동은 대량 생산 시스템이 지배하는 산업 혁명 시대에 장인 정신을 되살려 창조적인 역량을 확장하고 공동체 중심의 작업 방식을 되살렸으며, 지역적이고 독창적인 디자인을 보존하려는 노력을 기울였다. 20세기 중반의 대항문화 운동은 1960년대 메인프레임 중심의 컴퓨터를 개인 해방의 도구로 재해석하고, 네트워크를 통한 새로운 협력 방식을 모색했으며, 디지털 기술을 통한 문화적 다양성의 확장 가능성을 보여주었다.

이러한 역사적 경험은 지금의 AI 시대에도 중요한 메시지를 준다. 오늘날 개인적 차원에서는 AI 도구를 활용한 창의적 작업이 확장되고, 사회적 차원에서는 디지털 공동체가 형성되며, 문화적 차원에서는 로컬과 글로벌 네트워크의 상호 작용이 이루어지고 있다.

많은 기술 관련 서적들이 기술과 인간의 공존 또는 공진을 논하지만, 이 책에서는 근본적으로 다른 접근을 하고자 한다. 진정한 의미의 인간 중심 기술 사회는 기술 분야의 자체적 노력이나 정부의 개입을 통해서는 달성할 수 없기 때문이다. 오히려 적극적인 문화 운동을 통해 기술의 본질을 재정의하고, 기술을 인간의 가치와 욕구를 실현하는 도구로 전환할 때 비로소 가능하다.

문화 운동적 대응은 기술을 수동적으로 받아들이거나 맹목적으로 저항하는 것이 아니라 기술의 사회적, 문화적 의미를 능동적으로 재구성하는 실천을 의미한다. 즉, 기술을 통해 인간의 창조성, 자율성, 공동체성을 확장하는 적극적인 전략이다.

AI에 대응하는 문화 운동의 실현에 앞서 19세기 산업 혁명 이후 세 차례에 걸친 주요 기술 변혁과 그에 대응한 문화 운동을 분석하고자 한다. 1부에서는 기술과 문화의 변증법적 관계와 기술 전환적 문화 운동의 분석틀을 제시한다. 2부는 제1순환으로서 산업 혁명과 미술 공예 운동을, 3부는 제2순환으로서 대중 사회와 대항문화 운동을 살펴본다. 4부에서는 현재 진행 중인 제3순환으로서 AI 시대와 크리에이터 문화의 가능성을 탐색한다. 마지막 5부에서는 세 순환의 교훈을 종합하고, 크리에이터 소사이어티로 나아가기 위한 조건과 과제를 제시한다. 특히 AI 시대에 직면한 우리는 이전의 순환 경험에서 중요한 교훈을 얻을 수 있다. 기술을 단순히 거부하거나 맹목적으로 수용하는 대신, 인간의 창조성과 자율성을 확장하는 수단으로 사용하는 방법을 배워야 한다. 그러려면 개인의 창조적 실험, 공동체적 협력, 문화적 다양성의 가치를 통합하는 새로운 접근 방식이 필요하다.

이 책에서는 현재 부상하고 있는 크리에이터 문화가 어떻게 AI 시대의 기술 전환적 문화 운동으로 발전할 수 있는지, 그리고 그것이 어떻게 진정한 의미의 기술 인간화를 실현할 수 있는지를 함께 살펴볼 것이다. 크리에이터 문화와 이것이 창출하는 크리에이터 소사이어티에 대한 연구는 단순한 역사적 고찰을 넘어, 우리 시대의 가장 중요한 과제에 대한 실천적 탐구가 될 것이 자명하다.

AI라는 강력한 도구를 어떻게 활용할 것인가는 전적으로 우리의 선택에 달려 있다. 따라서 과거 문화 운동의 경험을 통해 자아실현, 공동체성, 다양성이라는 세 가지 가치를 AI 시대에 어떻게 실현할 수 있을지 탐색해볼 필요가 있다. 문화가 기술을 바로잡는 세 번째 응전, 그 가능성과 방향을 함께 모색해보자.

차례

- **프롤로그** | 다시, 기술을 인간답게   004

1부   기술과 인간, 공존의 길을 찾다

1장 | 기술은 인간을 어떻게 바꿨는가   013
2장 | 기술과 문화는 서로 어떤 힘을 주고받았을까   027
3장 | 새로운 기술, 무조건 받아들일 것인가   042
4장 | 인간 중심 AI는 가능할 것인가   068

2부   기계의 시대, 인간다움은 어떻게 지켜졌는가

1장 | 산업 혁명, 인간의 자리를 바꾸다   081
2장 | 기술은 우리의 구원자인가, 파괴자인가?   088
3장 | 기계가 닿지 못하는 손의 세계   102
4장 | AI 시대, 산업 혁명에서 얻는 교훈   118

3부   대중의 시대, 우리는 어떻게 자신을 지켜왔을까

1장 ǀ 대량 생산 시대, 정체성의 위기	135
2장 ǀ 기술 권력에 맞선 저항의 기록	147
3장 ǀ 기술은 재앙인가, 희망인가?	162
4장 ǀ 실리콘밸리에서 배운 기술 사용법	175
5장 ǀ 기술을 거부한 사람들이 만든 변화	192

4부   AI 시대, 인간에게 던져진 새로운 질문

1장 ǀ AI는 우리의 삶을 어디까지 통제할까	201
2장 ǀ AI와의 관계, 협력인가 경쟁인가	207
3장 ǀ AI를 통제하려는 시도는 왜 실패하는가	220
4장 ǀ 인간 중심 AI는 어떻게 탄생하는가	232
5장 ǀ 유튜버, 인플루언서, 크리에이터의 시대가 온다	243
6장 ǀ 우리는 어떻게 기술의 주인이 될 수 있을까	255

5부   기술을 인간적으로 쓰기 위한 우리의 선택

1장 ǀ 기술의 물결 속에서 우리가 배운 것	273
2장 ǀ 인간다운 기술은 왜 아직 오지 않았는가	290
3장 ǀ AI 시대, 주도할 것인가 끌려갈 것인가	305

◆ 감사의 말	319
◆ 참고문헌	322

1부

기술과 인간,
공존의 길을 찾다

인류에 대한 기술의 도전과 응전의 구조,
그리고 순환

인간은 기술을 만들어내는 존재인 동시에 기술의 영향을 받으며 끊임없이 변화해왔다. 어떤 기술은 단순히 인간의 편의를 돕는 수준이 아니라, 인류가 여태껏 형성해온 생활 방식부터 사고방식에까지 커다란 영향을 미쳤다. 산업 혁명은 인간의 육체와 노동을 대체했고, 대중 사회는 미디어와 소비를 통해 인간의 정체성을 틀에 가두었으며, 오늘날 AI와 빅테크 기술은 인간의 창조성에 대해 도전하며 인간 고유성에 대한 본질적 의문을 던지고 있다. 각 시기의 도전은 서로 중첩되면서 더욱 복잡한 형태로 발전했다. 이러한 기술의 발전에 대하여 인간은 어떻게 상호 작용하며, 또 어떻게 대응해왔을까?

1장
기술은 인간을 어떻게 바꿨는가

ChatGPT로 대표되는 인공지능 기술은 단순한 도구의 진화를 넘어 기존 인간의 역할 자체를 근본적으로 바꿔놓고 있다. 언어 생성, 창의적 작업의 대체, 자동화된 의사결정 등 인간만의 영역으로 여겨졌던 능력에 도전하고 인간의 창조성과 자율성에 대한 근본적인 질문을 던지고 있는 것이다.

과거의 기술이 주로 인간의 물리적 능력을 확장하거나 대체했다면 AI의 발전은 전혀 다른 차원의 도전을 제기한다. AI는 사고, 판단, 창작과 같은 인간 고유의 정신적 영역으로 깊숙이 진입해오고 있다. 특히 생성형 AI의 등장은 예술 창작, 문학 작품 생산, 과학적 발견과 같이 지금까지 인간만의 영역으로 여겨졌던 분야에서도 놀라운 성과를 내면서, 인간 존재의 본질과 가치에 대해 다시 생각해보게 한다.

이러한 상황에서 우리는 기술에 대한 인간의 대응 방식을 역사적으로 검토하고, 현재의 도전에 어떻게 대응할 것인지 고민할 필요가 있다. 과거 인류가 거대한 기술 변화에 어떻게 대응해왔는지, 그리고 그러한 대응이 어떤 결과를 가져왔는지 살펴봄으로써 AI 시대에 우리가 취해야 할 방향을 모색해야 한다.

인간은 도구를 만들지만, 도구는 다시 인간을 만든다

기술과 인간의 관계는 일방적인 것이 아니라 상호적이다. 인간은 도구를 만드는 존재, 즉 호모 파베르지만 역설적으로 그 도구는 다시 인간을 만들고 변화시킨다. 손화철 교수가 지적한 '호모 파베르의 역설'이 바로 이것이다. 기술의 발전은 인간의 생활 방식, 사고방식, 사회 구조, 그리고 궁극적으로 인간성 자체에 심오한 영향을 미친다.

예를 들어, 산업 혁명 당시 등장한 증기 기관은 단순히 생산력을 증가시키는 데 그치지 않았다. 노동의 성격을 변화시키고 도시화를 촉진했으며, 시간 개념까지도 재구성했다. 공장의 기계 리듬에 맞춰 생활하는 노동자들에게 시간은 이전과는 전혀 다른 의미를 가지게 되었고, 이는 일상생활의 모든 측면에 영향을 미쳤다. 마찬가지로 오늘날 디지털 기술과 AI는 우리의 지식 접근 방식, 사회적 관계 형성, 창조적 표현, 심지어 기억과 사고 방식까지 변화시키고 있다. 스마트폰과 소셜 미디어는 우리가 정보를 소비하고, 타인과 소통하고, 자신의 정체성을 형성하는 방식 자체를 근본적으로 바꿔놓았다.

그러나 동시에, 인간은 기술의 의미와 용도를 재정의하고 재구성할 수 있는 독특한 능력을 가지고 있다. 같은 기술이라도 그것이 어떤 문화적 맥락에서 어떤 가치와 목적을 위해 사용되느냐에 따라 전혀 다른 결과를 낳게 된다. 현대 사회에서 AI가 가져올 변화의 본질 역시도 기술 자체의 특성보다는, 우리가 그것을 어떻게 이해하고 활용하며 통제하느냐에 달려 있는 셈이다.

이러한 호모 파베르의 역설은 기술이 미래를 결정한다고 여기는 기술사회관의 한계를 보여준다. 기술이 인간의 삶을 일방적으로 결정하는 것이 아니라, 인간과 기술이 서로 영향을 주고받으며 함께 진화한다는 것을 인식했을 때 우리는 기술 발전에 대한 더 균형 잡힌 시각을 가질 수 있다. 이는 기술을 맹목적으로 수용하거나 거부하는 것이 아니라, 그것이 인간의 가치와 필요에 맞게 발전할 수 있도록 적극적으로 개입하고 형성해나가는 능동적 주체로서의 인간 역할을 강조한다.

모든 문명은
기술의 도전에 직면한다

역사학자 아놀드 토인비Arnold Toynbee의 '도전과 응전' 개념은 기술에 대한 대응을 이해하는 중요한 시각을 제공한다. 토인비는 문명이 직면한 도전이 적절한 수준일 때 창조적 응전을 통해 발전이 이루어진다고 보았다. 너무 약한 도전은 변화를 이끌어내지 못하고, 너무 강한 도전은 문명을 붕괴시키지만, 적절한 강도의 도전은 문명의 창조적 발전을 촉발한다.

토인비의 이론에 따르면 모든 문명은 특정한 환경적, 사회적 도전에 직면하게 되며, 이에 대한 성공적인 응전이 문명의 성장을 가져온다. 예를 들어 황하 유역의 험난한 자연환경은 중국 문명이 이를 극복하기 위해 다양한 기술과 문화를 발전시키는 계기가 되었다. 치수 기술, 농업 기술, 조직화된 관료 체계 등은 모두 자연환경이라는 도전에 대한 창조적 응전의 결과물이었다.

마찬가지로 기술의 도전 역시 인류 문명에 중요한 도전으로 작용해왔다. 산업 혁명의 기계화, 대중 사회의 표준화된 문화, 현대의 AI와 알고리즘 등은 모두 인류에게 적응과 변화를 요구하는 도전이었다. 인류 문명은 이러한 도전에 대해 단순히 저항하거나 수동적으로 적응하지 않았다. 응전을 통해 새로운 가치와 실천을 창조하며 발전해왔다.

토인비가 강조한 것은 도전 자체보다 그에 대한 응전의 질이 문명의 발전을 결정한다는 점이다. 성공적인 응전은 단순한 방어적 반응이 아니라, 도전을 새로운 발전의 기회로 전환하는 창조적 과정이다. 토인비의 주장은 기술 변화에 대한 우리의 태도에도 중요한 시사점을 제공한다. AI와 같은 새로운 기술 도전을 단순히 위협으로 인식하고 저항하거나 반대로 무비판적으로 수용하는 것이 아니라, 이를 인간의 가치와 필요에 맞게 창조적으로 재구성하는 응전이 필요하다는 것이다.

기술이 인류에게 제시한 세 번의 도전

인류 역사에서 기술의 도전은 크게 세 시기로 구분할 수 있으며, 각 시기는 인간의 서로 다른 차원에 영향을 미쳤다.

첫 번째 시기였던 산업 혁명은 인간의 육체와 물리적 노동에 도전했다. 18세기 말부터 19세기 중반까지 진행된 산업 혁명은 증기 기관, 방직기, 철도 등 기계화된 생산 기술을 통해 인간의 물리적 노동을 대체하거나 변형시켰다. 구체적으로 장인과 농민의 전통적 노동 방식을 파괴하고, 인간을 기계의 리듬에 맞춰 작동하는 부품처럼 취급하는 공장 시스템을 등장시켰다. 산업 혁명의 기술은 인간의 신체를 직접적으로 통제하고 규율하는 방식으로 작동했으며, 이는 노동의 소외, 도시화, 계급 분화 등의 사회적 결과를 가져왔다.

 두 번째 시기였던 대중 사회는 인간의 정체성과 내면에 도전했다. 20세기 중반, 특히 제2차 세계 대전 이후 등장한 대중 사회는 라디오, 텔레비전, 자동차, 대량 소비재 등 표준화된 대량 생산과 대중 미디어 기술을 통해 인간의 문화적 정체성과 주관성을 형성하고 조작했다. 대중 매체는 개인의 취향, 욕망, 세계관을 표준화된 방식으로 형성했고, 소비주의는 개인의 자아실현을 물질적 소비와 동일시하도록 유도했다. 결과적으로 대중 사회는 인간의 내면과 문화적 자율성에 대한 더 섬세하고 간접적인 형태의 통제였다.

 세 번째 시기인 현대의 빅테크 시대는 인간의 창조성과 판단력에 도전하고 있다. 21세기 초반, 인터넷과 모바일 기술의 확산, 빅데이터와 AI의 발전으로 대표되는 이 시기는 인간의 가장 근본적인 능력인 창조적 사고, 의사결정, 지식 생산 등의 영역을 자동화하고 있다. 알고리즘은 우리가 어떤 정보에 접근하고, 무엇을 가치 있게 여기며, 어떤 결정을 내리는지에 깊이 관여한다. 또한 AI는 예술 창작, 과학적 발견, 의료 진단 등 지금까지 인간만의 고유 영역으로 여겨졌던 분야에 진입하면서 인간 고유성과 존재 가치에 대한 근본적인 질문을 제기한다.

이러한 세 시기의 기술 도전은 각각 다른 차원에서 인간성을 위협했지만, 동시에 새로운 가능성을 열기도 했다. 또한 각 시기는 완전히 단절된 것이 아니라, 이전 시기의 도전이 해결되지 않은 채 새로운 도전이 중첩되면서 더욱 복잡한 상황을 만들어내고 있다. 즉 현대의 AI 도전은 이전의 육체적, 정체성적 도전을 포함하면서도 더 근본적인 창조성과 자율성의 차원으로 확장되고 있는 것이다.

기술이 사회에 미치는
새로운 가능성을 탐색하는 문화 운동

문화 운동은 특정 기술 패러다임이 사회와 문화에 미치는 영향을 재해석하고 대안적 기술 활용 방식을 모색하고자 하는 목적을 갖는다. 19세기 미술 공예 운동, 1960년대 대항문화 운동, 현대의 크리에이터 문화는 각각 산업 혁명 기술, 대중 사회 기술, 빅테크 기술에 대응하는 대표적인 문화 운동이다.

거대 기술에 대한 인간의 대응은 단일한 방식으로 환원될 수 없다. 왜 인간은 기술의 도전에 단순히 저항하거나 적응하는 대신, 새로운 가치와 실천을 창조해온 것일까? 이를 이해하려면 산업 혁명 시대부터 AI 시대에 이르기까지 인간이 기술 변화에 대응하여 어떤 문화 운동을 형성해왔는지에 주목할 필요가 있다. 과거의 문화 운동은 새로운 가치와 실천 방식을 적극적으로 제시하며, 사회의 문화적 정체성을 재구성하고 새로운 사회적 주체를 형성했다.

즉 인간은 문화 운동을 통해 예술, 교육, 협업, 디자인 등의 영역에서 기술을 인간의 삶에 적합한 방식으로 실험하고, 그 결과를 통해 인간의 자율성, 창조성, 공동체성을 어떻게 확장할 수 있는지를 실천적으로 탐구했다. 기술을 도구로 전유하고 재구성함으로써 새로운 생활 양식과 사회적 가치의 가능성을 실험한 것이다. 이러한 접근은 단순한 기술 활용을 넘어 기술의 의미를 재정의하는 문화적 실천이었다.

여기서 문화 운동은 사회 운동이나 정치 운동과 구분되는 개념으로, 기술에 대한 직접적 저항이나 수용보다는 기술이 사회에서 의미화되고 수용되는 과정에 개입하여 새로운 기술과 기술-사회 관계를 모색하는 활동을 의미한다. 문화 운동의 참여자는 문화 예술인뿐만 아니라 과학기술자, 기술 소비자, 정책가, 창작자, 시민을 포괄하며, 이들은 문화적 실천을 통해 기술과 사회의 새로운 관계를 창조해나가는 예술사회학의 '문화적 행위자cultural agent' 개념에 가깝다.

미술 공예 운동은 산업화된 대량 생산이 노동의 의미와 미적 가치를 파괴한다고 비판하면서도, 단순히 기계를 거부하는 것이 아니라 기술을 인간의 창조성과 미적 감각을 확장하는 방향으로 재해석했다. 윌리엄 모리스William Morris의 켐스콧 프레스는 첨단 인쇄 기술을 예술과 장인 정신으로 재해석함으로써, 기술과 미학의 조화를 실현했다.

마찬가지로 대항문화 운동은 대중 매체와 소비주의 문화에 비판적이었지만, 대안적 미디어 형식을 통해 기술을 전유하려 했다. '전 지구 카탈로그'는 정보 기술을 활용해 대안적 생활 양식과 도구에 대한 지식을 공유했고, '적정 기술' 운동은 소규모, 분산형, 환경 친화적 기술의 가능성을 탐색했다.

현대의 크리에이터 문화 역시 빅테크 플랫폼의 인프라를 활용하면서도, 이를 개인과 커뮤니티 중심의 창작과 협력을 위한 도구로 전환하려 한다. 인디 게임 개발자, 유튜브 창작자, 오픈 소스 개발자들은 디지털 기술을 창조적 자기표현과 대안적 경제 모델을 위한 매체로 활용한다.

이처럼 문화 운동은 궁극적으로 기술과 인간의 관계를 창조적으로 재구성하려는 시도다. 이는 토인비가 말한 창조적 응전의 중요한 형태로, 기술 도전을 새로운 문화적 가능성으로 전환하는 과정이기도 하다.

한국에서는 기술 대응 문화 운동의 전통이 강하지 않다. 예외적인 사례가 있다면 이어령이 제시한 '디지로그digilog' 개념을 들 수 있다. 디지로그는 디지털과 아날로그의 융합을 통해 기술을 한국적 문화 감성과 결합시키려는 시도였다. 이어령은 기술의 인간화보다는 기술에 대한 문화적 해석과 재맥락화에 주목했는데, "어떤 콘텐츠를 담고, 어떤 사용자 친화적인 감성의 옷을 입히는가"라는 질문을 통해 기술과 문화의 새로운 관계 설정 가능성을 탐색했다.

기술의 변화는
점점 더 빠르고 깊어진다

인류의 역사에서 큰 변화를 야기한 세 시기의 기술 도전을 단순히 시간의 흐름에 따른 연속적 변화로 바라보기는 어렵다. 기술의 도전과 응전은 기술 도전의 강도, 범위, 속도의 변화와 함께 순환적인 구조를 구성함으로써, 기술 도전과 문화적 응전의 역학을 이해하는 중요한 틀을 제공한다.

첫째로, 기술 도전의 강도 deepening(심화)가 점차 증가하고 있다. 각 순환이 진행될수록 기술이 인간에게 미치는 영향은 외부적, 물리적 차원에서 내부적, 정신적 차원으로 심화되는 경향이 있다. 산업 혁명은 주로 인간의 물리적 노동에 영향을 미쳤고, 대중 사회는 문화적 정체성과 주관성에 영향을 미쳤다면, 빅테크와 AI는 인간의 인지, 판단, 창조성 등 가장 근본적인 능력에 영향을 미치고 있다. 기술의 심화는 기술이 점차 인간 존재의 더 깊은 층위에 도전하고 있다는 사실을 의미한다.

둘째, 기술 도전의 범위 widening(확장)가 점차 넓어지고 있다. 각 순환이 진행될수록 기술의 영향 범위는 특정 집단이나 영역에서 전체 사회와 글로벌 차원으로 확장되는 경향이 있다. 산업 혁명은 초기에는 주로 서구 국가의 노동자 계급에 영향을 미쳤지만, 대중 사회의 기술은 중산층을 포함한 보다 광범위한 사회 계층에 영향을 미쳤고, 현대의 디지털 기술과 AI는 거의 모든 인구와 지역, 사회적 영역에 영향을 미치고 있다. 기술의 확장은 기술의 영향력이 점차 더 광범위하고 보편적이 되어가고 있다는 뜻이다.

셋째, 기술 도전의 속도 acceleration(가속화)가 점차 빨라지고 있다. 각 순환이 진행될수록 기술 변화의 속도가 점점 빨리짐에 따라 사회적, 문화적 적응과 대응의 시간적 여유도 줄어드는 경향이 있다. 산업 혁명의 기술 변화는 수십 년에 걸쳐 점진적으로 진행되었지만, 대중 사회의 기술 변화는 보다 빠른 속도로 이루어졌고, 현대의 디지털 기술과 AI는 불과 몇 년 혹은 몇 개월 만에 혁신적인 변화를 가져오고 있다. 기술의 속도는 기술 변화와 문화적 대응 사이의 간극이 점차 커질 위험을 의미한다.

기술 도전의 세 가지 패턴—심화, 확장, 가속화—은 상호 연결되어 서로를 강화하는 경향이 있다. 기술의 영향이 내면화되고 심화될수록 그 영향 범위는 더 넓게 확장되며, 변화의 속도 역시 더 빨라진다. 이는 각 순환에서 기술 도전의 성격과 강도가 변화하며, 그에 대응하는 문화적 응전의 방식과 내용도 변화함을 의미한다.

이러한 순환적 구조 속에서, 첫 번째 순환인 산업 혁명과 두 번째 순환인 대중 사회의 구분은 억압의 성격과 대상의 차이에서 비롯된다. 산업 혁명 기술이 농민, 장인, 노동자의 물리적 노동과 생존을 위협했다면, 대중 사회 기술은 개인의 내면, 문화적 자율성, 정체성을 위협했다. 산업 혁명은 육체를 기계의 부속품으로 전락시켰고, 대중 사회는 정신을 표준화된 문화와 소비의 논리에 종속시켰다. 따라서 각 시기의 문화 운동은 서로 다른 억압에 대응하며, 예컨대 산업 혁명기에는 노동의 기계화와 인간의 신체에 대한 통제가, 대중 사회기에는 감시와 동질화, 소비 문화의 강제가 중심 문제로 등장했다.

AI 시대에
우리가 선택할 수 있는 응전

AI와 빅테크 시대라는 세 번째 순환에서 우리는 어떤 응전이 가능할까? 이것이 바로 우리가 다루고자 하는 핵심적인 질문이다. 기술 도전의 강도, 범위, 속도가 모두 증가한 현대의 상황 속에서 우리는 인간의 창조성, 자율성, 다양성을 보존하고 확장하는 방향으로 기술을 재구성할 수 있을까?

과거의 문화 운동은 기술 도전에 대한 창조적 응전이 충분히 가능하다는 사실을 증명한다. 미술 공예 운동과 대항 문화 운동은 각각의 시대에 기술과 인간의 관계를 재편하는 중요한 실험이었고, 일정한 성과와 한계를 남겼다. 이러한 역사적 경험을 통해 AI 시대의 응전에 대한 가능성 역시 모색할 수 있을 것이다.

현대의 크리에이터 문화, 오픈 소스 운동, 디지털 커먼즈, 대안적 플랫폼 등은 이미 AI와 빅테크에 대한 다양한 응전이라고 할 수 있다. 디지털 기술과 AI를 인간의 창조성을 확장하고 공동체적 협력을 강화하는 방향으로 끌어오려는 시도이자, 기술을 통해 다양한 가치를 실현하고자 하는 노력이기도 하다.

그러나 세 번째 순환의 기술 도전은 이전과는 비교할 수 없을 정도로 강력하고 복합적이다. AI 기술은 인간의 지적 능력, 창조적 표현, 의사결정 등 지금까지 인간만의 영역으로 여겨졌던 부분까지 대체하거나 변형시키고 있다. 빅테크 기업들이 구축한 플랫폼 생태계는 우리의 일상생활, 사회적 관계, 경제 활동을 근본적으로 재구성한다.

이러한 도전에 대응하여 우리는 어떤 문화적 응전을 형성할 수 있을까? 어떻게 AI와 디지털 기술을 인간의 가치와 필요에 맞게 바로잡고, AI와 공존하는 인간다운 삶을 만들어갈 수 있을까? 이 질문에 대해 지금부터 단순한 이론적 논의를 넘어 실천적인 방향성을 제기하고자 한다.

2장

기술과 문화는
서로 어떤 힘을 주고받았을까

거대 기술에 대한 인간의 대응을 도전-응전 구도로 설명하는 접근 방식은 기술 인문학technohumanities 분야에서 새로운 방식은 아니다. 도전과 응전은 역사적으로 인류가 새로운 기술 혁명에 직면할 때마다 보여온 상호 작용의 패턴을 이해하는 중요한 프레임워크다.

기술은 단순한 도구나 장치를 넘어 인간의 경험과 의식, 사회 구조를 근본적으로 변화시키는 힘을 가진다. 이러한 변화는 때로는 급진적이고 파괴적이어서 인간 삶의 기존 패턴을 위협하기도 한다. 그리고 이에 대응하여 인간은 새로운 문화적 가치와 실천을 발전시키며 기술에 의미를 부여하고 그 영향력을 재구성한다.

기술과 문화의 상호 작용은 단순한 일회성 사건이 아니라, 역사적으로 반복되는 순환적 패턴을 보인다. 산업 혁명과 미술 공예 운동, 대중 사회와 대항문화 운동, 빅테크와 크리에이터 문화로 이어지는 순환은 각기 다른 맥락에서 유사한 구조를 만들어왔다. 즉 기술은 문화를 흔들고, 문화는 다시 기술을 형성하는 역동적인 관계가 드러난다.

이 장에서는 기술-문화 순환의 이론적 기반을 탐색하고 그 역사적 패턴과 내적 구조를 살펴보자. 이를 통해 현대의 AI와 빅테크 시대를 이해하고, 인간 중심적 기술 발전을 위한 새로운 문화적 응전의 가능성을 모색한다.

기술 결정론 vs 문화 결정론의 현실적 관점

기술과 문화의 관계를 이해하는 데 있어 가장 기본적인 이론적 대립은 기술 결정론과 문화 결정론 사이의 긴장이다. 기술 결정론은 기술 발전이 사회문화적 변화를 일방적으로 결정한다고 보는 관점으로, 유물론적 맑스주의 전통과 마셜 맥루한의 "미디어가 메시지다"라는 명제에서 그 영향력을 확인할 수 있다. 반면 문화 결정론은 기술의 발전과 활용이 사회문화적 맥락에 의해 결정된다고 보는 시각으로,

피에르 부르디외의 아비투스 이론과 미셸 푸코의 권력론 등이 이를 뒷받침한다.*

그러나 이러한 이분법은 기술과 문화의 복합적 관계를 지나치게 단순화한다는 맹점이 있다. 현실에서 기술과 문화는 상호 구성적 관계에 있으며, 서로 영향을 주고받는 변증법적 과정을 통해 발전한다. 기술은 문화에 영향을 미치지만, 그 영향은 문화적 맥락에 따라 다양하게 해석되고 수용된다. 문화 역시 기술의 발전 방향과 의미를 형성하지만, 기술은 단순한 문화적 구성물이 아닌 독자적인 물질적 속성과 제약을 지닌다.

기술과 문화의 통합적 관점은 도전-응전의 순환 구조를 이해하는 데 필수적이다. 기술 혁신이 인간 삶에 새로운 도전을 제기할 때, 문화적 응전은 그 기술을 재해석하고 전유함으로써 새로운 의미와 가치를 창출한다. 이 과정은 단선적이지 않고 순환적이며, 각 응전은 새로운 기술적 발전의 토대가 되어 다음 단계의 도전-응전 사이클을 촉발한다.

---

* 여기서 말하는 기술 결정론은 기술의 사회적 영향력에 초점을 둔 것으로, 기술 자체의 자율적 발전을 강조하는 또 다른 기술 결정론(Technological Determinism)과 구별되는 개념이다.

기술과 문화의
얽혀 있는 세계

브루노 라투르는 『우리는 결코 근대인이었던 적이 없다』에서 기술(자연)과 문화(사회)의 이분법적 구분이 허구임을 지적하며, '혼종의' 개념을 제시한다. 그의 행위자-네트워크 이론은 인간과 비인간(기술, 도구 등)이 함께 구성하는 네트워크에 주목하여, 기술적 인공물이 단순한 도구가 아닌 행위자로서 사회적 관계를 형성한다고 본다. 이러한 관점은 스마트폰과 같은 현대 기술이 단순한 기기가 아닌, 특정 생활 양식과 사회적 관계를 포함하는 복합적 현상이라는 것을 설명하고 있다.

한편 레이먼드 윌리엄스는 『문화와 사회』에서 '문화' 개념 자체가 산업 혁명에 대한 응전으로 출현했음을 보여준다. 그의 문화유물론은 문화를 추상적 관념이 아니라 물질적 실천의 과정으로 이해하며, 기술에 대립하는 영역이 아닌 기술과 상호 작용하는 실천으로서의 문화를 강조한다. 윌리엄스는 산업화 시대에 장인, 예술가, 노동자 계급 등이 서로 다른 방식으로 기술 변화에 대응한 양상을 분석하여, 현대 기술에 대한 문화적 응전의 역사적 뿌리를 찾기도 했다.

라투르와 윌리엄스의 통찰은 기술과 문화를 분리된 영역으로 보는 것이 아니라 서로 얽혀 있는 상호 구성의 관점에서 바라보고 있다. 이런 시각은 토인비의 '도전-응전' 개념과 결합하여 기술 도전에 대한 문화적 응전의 메커니즘을 보다 깊이 있게 이해하는 이론적 기반이 되어준다.

기술의
사회적 구성과 인간화

기술-문화 변증법에 대한 이해를 더욱 실전적으로 발전시킨 학자가 아놀드 페이시와 앤드루 핀버그다.

페이시의 『기술의 문화』는 기술의 문화적, 조직적, 기술적 차원이 서로 얽혀 있다는 점을 강조하며 기술과 문화의 '상호 구성' 관계를 설명한다. 그에 따르면 기술은 특정 문화적 가치와 사회적 관계를 내재화하면서도, 사용자의 창조적 해석과 전유에 열려 있다. 예를 들어 인터넷은 애초에 군사적, 학술적 목적으로 설계되었으나, 다양한 문화적 실천을 통해 예상치 못한 방향으로 발전했다.

핀버그는 『기술의 질문』에서 '기술의 비판 이론'을 통해 기술의 '도구적 이론'과 '실체적 이론'을 모두 거부하고, 기술을 사회적으로 구성되고 정치적으로 협상되는 대상으로 본다. 그의 이론은 기술 설계에 내재된 사회적 가치와 권력 관계를 의미하며, 기술이 사회적 투쟁과 민주적 참여를 통해 변화될 수 있음을 시사한다. 핀버그가 제시하는 '기술의 민주화'는 기술 설계와 활용에 다양한 이해관계자들이 참여하여 인간 중심적 가치를 반영하는 과정이다.

페이시와 핀버그의 이론은 기술이 고정된 것이 아니라 인간의 집단적 실천을 통해 변화시키고 재구성할 수 있는 대상임을 보여줌으로써, 기술 인간화를 위한 실천적 방향과 전략을 모색하는 중요한 이론적 기반을 제공한다.

기술과 문화는
반복적으로 순환한다

기술과 문화의 변증법적 관계에 대한 이해를 바탕으로, 산업 혁명부터 빅테크 시대까지 이어지는 세 차례의 기술-문화 순환은 특정한 구조적 패턴을 보여준다. 이 패턴은 다음 세 가지 핵심 차원에서 분석할 수 있다.

▪ 신체에서 인지로 더 깊어지는 억압의 구조

각 순환에서 기술이 인간을 '억압'하고 통제하는 방식은 점차 더 내면화되고 복잡해진다. 제1순환(산업 혁명)에서 기술의 억압은 주로 신체와 노동에 대한 직접적이고 물리적인 통제 형태로 나타났다. E.P. 톰슨이 분석한 것처럼, 공장 시스템은 노동자의 신체를 기계의 리듬에 종속시키는 가시적이고 명시적인 형태의 억압이었다.

제2순환(대중 사회)에서 기술의 '억압'은 더 미묘하고 내면화된 형태로 변화했다. 프랑크푸르트 학파가 비판한 '문화산업'은 대중의 취향과 사고방식을 표준화하는 동의와 욕망을 통한 통제 방식을 발전시켰다.

제3순환(빅테크 시대)에서는 '억압'이 알고리즘과 데이터를 통한 인간 인지와 행동의 조건화 형태로 더욱 심화된다. 샤샤나 주보프의 『감시 자본주의 시대』와 니콜라스 카의 『생각하지 않는 사람들』이 분석하듯, 현대 기술은 인간의 사고방식과 주의력 구조 자체를 변형시키며 더 깊이 내면화된 억압의 형태를 보인다.

이처럼 기술의 '억압' 구조는 신체에서 문화적 정체성으로, 다시 인지와 판단력으로 점차 더 깊은 차원까지 침투해왔다. 이는 앞으로의 문화적 응전 역시 한층 더 복합적이고 심층적 형태로 발전해야 한다는 걸 의미한다.

▪ 기술의 도전에 대응하는 방식의 다양화

각 순환에서 기술 도전에 대응하는 주체와 실천 방식은 점차 더 다양하고 분산된 형태로 발전한다. 제1순환의 미술 공예 운동은 주로 예술가, 장인, 지식인들이 길드, 작업장, 학교와 같은 전통적 조직을 통해 활동했다. 윌리엄 모리스의 모리스 앤 컴퍼니와 캠스콧 프레스처럼 물리적 제작과 직접 교육 중심의 실천이 주를 이루었다.

제2순환의 대항문화 운동은 학생, 청년, 소수자, 환경 운동가 등 더 다양한 주체들이 참여했으며, 느슨한 네트워크와 독립 미디어를 통해 시위, 대안적 생활 양식, 커뮤니티 형성 등 다양한 실천 방식을 발전시켰다. 스튜어트 브랜드의 '전 지구 카탈로그'가 이러한 접근의 대표적 사례다.

제3순환의 크리에이터 문화는 독립 크리에이터, 해커, 오픈 소스 개발자, 디지털 예술가 등 더욱 다양하고 분산된 주체들이 온라인 플랫폼과 디지털 커뮤니티를 통해 활동한다. 이들의 실천은 디지털 창작, 코드 작성, 온라인 협업 등 디지털과 물리적 공간을 넘나드는 하이브리드 형태를 띤다.

기술 운동의 변화는 기술 도전의 성격 변화에 대응하는 것으로, 각 순환에서 문화 운동은 이전 시기의 한계를 극복하고 발전시키는 방향으로 변화해왔다. 예를 들어 대항문화 운동은 미술 공예 운동의 엘리트주의적 한계를 극복하려 했고, 크리에이터 문화는 대항문화 운동의 기술적 유토피아주의를 더 민주적이고 실용적인 방향으로 발전시켰다.

• 기술을 창조적으로 전유하는 대안적 실천

각 순환에서 문화 운동은 지배적 기술 패러다임을 비판하면서도, 새로운 형태의 기술을 창조적으로 전유하여 대안적 실천을 발전시켰다. 제1순환에서 미술 공예 운동은 산업화된 대량 생산에 저항하면서도, 인쇄술과 건축 기술을 새로운 방식으로 활용했다. 모리스의 모리스앤 컴퍼니와 켐스콧 프레스는 당시 최신 제조와 인쇄 기술을 활용하되, 장인적 감각과 미적 가치를 중심으로 재해석했다.

제2순환에서 대항문화 운동은 독립 인쇄, 라디오, 비디오, 초기 컴퓨터 네트워크를 활용하여 대안적 미디어와 소통 방식을 발전시켰다. '지하신문', '자유 라디오', '비디오 프리크', 그리고 궁극적인 인터넷 운동은 미디어 기술을 전유하여 주류 문화에 저항하는 도구로 사용했고, '적정 기술' 운동은 소규모, 분산형, 생태적으로 지속 가능한 기술을 발전시켰다.

제3순환에서 크리에이터 문화는 오픈 소스 소프트웨어, P2P 네트워크, 분산형 웹, 블록체인 등을 활용하여 대안적 디지털 생태계를 구축하려 한다. 리눅스와 같은 오픈 소스 프로젝트, 크리에이티브 커먼즈 같은 대안적 라이선스 체계는 디지털 기술의 소유, 통제, 가치 창출 방식을 재구성하는 시도다.

이처럼 응전의 매개 기술은 기술을 거부하는 것이 아니라, 창조적으로 전유하고 재해석하는 과정을 보여준다. 각 순환에서 이러한 매개 기술은 점차 더 복잡하고 네트워크화된 형태로 발전했으며, 이는 기술 도전의 성격 변화와 맞물려 있다.

기술 인간화를 위한
문화 운동의 세 가지 전략

역사적 문화 운동의 경험을 바탕으로 기술 도전에 대한 성공적인 문화적 응전을 위한 세 가지 핵심 조건을 도출할 수 있다. 이 조건들은 개인적 차원의 실천을 넘어, 기술과 사회의 관계를 근본적으로 재구성할 수 있는 집단적, 제도적 기반을 제공한다.

- **기술을 창조적으로 전유하고 발전시키는 힘**

문화 운동의 첫 번째 성공 조건은 구성원들이 기술을 창조적으로 전유하고 변형할 수 있는 능력을 갖추는 것이다. 이는 기술의 작동 원리를 이해하고, 자신의 필요와 가치에 맞게 재구성할 수 있는 역량을 의미한다.

미술 공예 운동에서 윌리엄 모리스와 그의 동료들은 전

통 공예 기술을 현대적 맥락에서 창조적으로 활용했고, 대항문화 운동은 미디어 기술을 대안적 목적으로 전유했다. 현대 맥락에서는 복잡한 디지털 기술과 AI의 이해와 활용이 더욱 중요해졌으며, 이를 위해 '코드 리터러시', '알고리즘 리터러시', '데이터 리터러시' 등 다양한 형태의 기술적 이해력이 필요하다.

이러한 창조적 전유 능력을 위해서는 기술에 대한 접근성과 개방성, 실천적 학습과 지식 공유, 다학제적 역량과 협력이 필수적이다. 핵심은 기술을 닫힌 블랙박스가 아니라 열린 가능성의 공간으로 인식하는 시각이다. 즉 기술에 대한 두려움이나 숭배가 아닌, 비판적이면서도 창조적인 관계를 형성하는 것을 의미한다.

▪ 개인을 넘어 커뮤니티 기반의 생태계 구축

두 번째 성공 조건은 지속 가능한 커뮤니티 인프라의 구축이다. 개인적 차원의 실천은 중요하지만, 그것이 더 넓은 사회적 변화로 이어지기 위해서는 이를 지원하고 확산할 수 있는 제도적 기반이 필요하다.

미술 공예 운동은 길드, 작업장, 학교, 출판물 등 다양한 형태의 커뮤니티 인프라를 발전시켰고, 대항문화 운동은 공동체 센터, 독립 서점, 대안 언론, 협동조합 등 자율적 인프라를 구축했다. 현대 맥락에서는 크리에이터 커뮤니티, 오픈 소스 프로젝트, 협동조합형 플랫폼, 공유 작업 공간 등이 중요한 제도적 기반이 된다.

커뮤니티 인프라를 위해서는 자율적 거버넌스와 민주적 의사결정, 지속 가능한 경제 모델, 지식과 자원의 공유 체계가 필요하다. 이때 주체는 대기업이나 국가 기관이 아닌, 자율적인 시민 사회와 커뮤니티가 되어야 한다.

- 대안적 가치와 상상력의 발전

세 번째 성공 조건은 지배적인 기술 패러다임을 넘어선 대안적 상상력과 가치 체계의 발전이다. 동시에 단순히 기존 기술을 비판하는 것을 넘어, 기술과 인간의 관계에 대한 새로운 비전과 서사를 제시하는 것을 의미한다.

미술 공예 운동은 '아름다움의 실용성', '노동의 기쁨', '자연과의 조화' 등 대안적 가치를 중심으로 한 새로운 미적, 윤리적 비전을 제시했으며, 대항문화 운동은 '의식 확장', '작은 것의 아름다움', '생태적 조화' 등의 개념을 통해 대안적 상상력을 발전시켰다.

현대적 맥락에서는 AI와 자동화 시대에 '인간다움'의 의미, 노동과 창조의 가치, 공동체와 연결의 형태 등 근본적인 질문에 대한 새로운 문화적 응답이 필요하다. 이를 위해서는 비판적 성찰과 담론의 활성화, 실험적 창작과 표현의 확장, 다양한 문화적 전통과의 대화가 중요하다.

대안적 가치와 상상력의 핵심은 기술이 인간의 삶에서 어떤 역할을 해야 하는지, 그리고 어떤 삶이 가치 있는 삶인지에 대한 근본적인 질문을 다시 제기하는 것이다. 이는 기술이 효율성과 편리함을 넘어, 인간의 의미 있는 삶과 공동체적 연결, 생태적 지속 가능성 등의 가치에 기여할 수 있는 방향을 모색하는 과정이다.

실천적 기술 인문학이
제시하는 제3의 길

기술-문화 순환론과 문화 운동 분석의 틀은 기존의 기술철학 및 기술윤리학 논의와 연결되면서도 중요한 차별성을 가진다. 손화철 교수가 『미래와 만날 준비』에서 정리한 바와 같이, 20세기 기술철학은 하이데거와 엘륄의 근본적 비판에서 시작하여, 칼 미첨의 '경험으로의 전환'과 핀버그의 '기술의 비판 이론'으로 이어지는 실천적 방향으로 발전해 왔다.

손화철 교수의 작업은 한국 맥락에서 이러한 실천적 전환을 보여주는 중요한 사례다. 그는 『호모 파베르의 역설』

에서 기술과 인간의 상호 구성적 관계를 탐색하며, 기술에 대한 인간 주체의 비판적 성찰과 책임 있는 선택의 중요성을 강조한다. 이는 기술에 대한 결정론적 비관주의도, 맹목적 낙관주의도 아닌, 비판적 참여의 가능성을 모색하는 접근이다.

이 책에서 제시하는 관점은 이러한 실천적 전환을 계승하면서도 기술과 문화의 변증법적 관계, 특히 문화 운동을 통한 기술의 창조적 전유와 재구성 가능성에 더욱 주목한다. 또한 '인간 중심 기술'을 단순한 효율성으로 바라보는 것이 아니라 인간의 창조성, 자율성, 다양성, 공동체성 등 더 풍부한 인간적 가치를 실현하는 기술로 재정의한다.

산업 혁명부터 오늘날 AI 시대에 이르기까지의 기술-문화 순환을 살펴봄으로써 우리는 현대의 기술 도전을 긴 역사적 맥락에서 이해할 수 있다. 또한 과거 문화 운동의 경험으로부터 얻은 실천적 교훈을 바탕으로, 이론을 넘어 기술 인간화를 위한 구체적인 행동 지침과 전략을 제시할 수 있을 것이다. 문화 운동의 대응은 '실천적 기술 인문학'의 발전에 기여하고자 하는 시도이기도 하다.

AI와 빅테크 시대의 기술 도전에 대한 문화적 응전의 가능성은 이러한 실천적 기술 인문학의 관점에서 탐색해야만 더욱 풍부하고 실효성 있는 대안을 제시할 수 있을 것이다.

이제 우리에게 필요한 것은 기술에 대한 무조건적 수용이나 거부가 아닌, 인간 중심적 가치를 보존하면서도 기술의 잠재력을 실현할 수 있는 '제3의 길'을 모색하는 창의적 응전이다.

3장

새로운 기술, 무조건 받아들일 것인가

기술의 발전은 인류 역사상 언제나 양가적 반응을 불러일으켰다. 한편으로는 생산성 향상, 삶의 편의성 증대, 새로운 가능성의 확장이라는 긍정적 측면이 있었지만 다른 한편으로는 전통적 가치의 위협, 인간 소외, 환경 파괴와 같은 부정적 측면도 공존해왔다. 이러한 양가성 속에서 인간은 기술에 대해 다양한 방식으로 대응했다.

이번 장에서는 기술에 대한 인간의 대응 방식을 체계적으로 분류하고, 그중에서 '기술 인간화'라는 개념이 어떤 위치를 차지하는지 탐색하고자 한다. 기술과 인간의 관계를 재구성하는 대안적 접근으로서의 기술 인간화 개념을 정립해보자.

특히 역사적으로 주목할 만한 세 차례의 문화 운동—미술 공예 운동, 대항문화 운동, 크리에이터 문화—은 당대의 지배적 기술 패러다임에 어떻게 대응했을까? 이를 살펴보며 기술 인간화의 핵심 기준을 도출하고, 현대 기술 시대에 인간 중심적 기술 발전을 위한 실천적 지침을 제안해본다.

기술 인간화는 단순한 개념적 논의를 넘어, 인간의 자율성, 창조성, 공동체성을 보존하고 확장하는 방향으로 기술을 재구성하는 실천적 과제다. 여기서 말하는 기술 인간화는 기존 연구에서 주로 다루어지는 의료 기술의 발전, 사회적 취약 계층에 대한 기술 지원, 사회 문제 해결을 위한 기술 활용과는 다른 차원의 개념이다. 또한 기술 발전이 불가피한 현실 속에서, 인간의 존엄성과 가치를 중심에 둔 기술 문명을 구축하기 위한 필수적 조건이라 할 수 있다.

기술을 마주한
문화의 다섯 가지 선택지

기술에 대한 인간의 대응 방식은 역사적으로 다양한 형태를 띠어왔다. 이러한 대응 방식은 단순한 사회 현상이 아니라, 오랜 시간 축적된 사상적 흐름과 문화적 실천의 결과다. 이 대응의 방식은 대표적으로 반기술, 탈기술, 견기술, 선기

거대 기술에 대한 다섯 가지 문화적 대응

구분	핵심 관점	대표 사상가 / 문헌	현대 적용
숭기술	기술 낙관/ 진보의 필연성	커즈와일, 하라리, 겔리(후기)	트랜스휴머니즘, 기술 특이점
견기술	윤리적 교제 / 통제	한스 요나스, GDRP, AI 윤리	데이터 주권, 기술 영향 평가
선기술	기술이 인간 중심 재설계	모리스, 브랜드, 세넷, 해커 문화	크리에이터, 메이커, 오픈 소스
탈기술	기술 외부의 대안적 삶	아미쉬, 낭만주의, 생태주의	슬로우라이프, 디지털 디톡스
반기술	기술 자체에 대한 급진 비판	엘룰, 하이데거, 카진스키	네오러다이트, 딥 에콜로지

술, 숭기술의 다섯 가지 흐름으로 구분할 수 있다. 그렇다면 이 각각의 철학적 토대와 주요 특징을 하나씩 살펴보자.

- **반기술 : 기술 그 자체를 거부한 사람들**

반기술Anti-Technology 운동은 새로운 기술에 대한 거부와 저항을 특징으로 한다. 19세기 초 영국의 러다이트Luddite 운동이 대표적인데, 이들은 자신들의 일자리를 위협하는 기계를 파괴해버렸다. 이는 이후 기술에 대한 모든 저항 운동의 상징이 되었다.

2차 세계 대전 이후 마르틴 하이데거와 자크 엘륄과 같은 철학자들은 반기술적 입장을 철학적으로 정교화했다. 하이데거는 현대 기술이 모든 존재자를 부품으로 전락시키는 '닦달Ge-stell'의 위험성을 경고했으며, 엘륄은 『기술 체계』에서 기술이 이미 자율성을 획득하여 인간의 통제를 벗어났다고 주장했다.

반기술 전통은 기술을 단순한 도구가 아니라 인간을 지배하는 구조로 인식하며, 그 자체에 대한 근본적 비판을 제기한다. 가장 급진적인 비판은 테오도어 카진스키에게서 나타난다. 그는 '유나바머'라는 별칭으로 잘 알려진 인물로, 일련의 폭탄 테러 사건을 저지른 뒤 자발적으로 은둔하며 문명 비판을 전개했다. 그의 선언문 『산업 사회와 그 미래』에서 그는 기술 문명이 인간의 자유를 말살하며, 이는 정치적 방법이 아닌 문명의 붕괴로만 극복할 수 있다고 주장했다.

반기술 운동의 한계는 분명하다. 기술 발전의 불가피성과 잠재적 혜택을 간과하고, 현실적인 대안을 제시하지 못하는 경향이 있다는 점이다. 또한 모든 기술을 단일한 실체로 간주함으로써, 기술의 다양성과 맥락 의존적 특성을 고려하지 못한다.

• 탈기술 : 문명을 벗어나 기술 없는 삶을 선택한 사람들

탈기술Post-Technology 운동은 기술의 영향권에서 벗어나 그 바깥에서 인간다운 삶을 회복하고자 했던 움직임이다. 19세기 낭만주의자들이나 보헤미안들이 대표적으로, 이들은 자연과 예술을 통해 인간성을 회복하고자 하며 때로는 대안적 공동체를 건설하기도 했다.

이들은 기술을 무조건 악으로 보진 않지만, 기술이 지배하는 삶의 리듬과 가치 체계에 대한 탈주를 시도했다. 현대적 맥락에서는 아미쉬Amish 공동체가 대표적인 예다. 그들은 전기를 비롯한 현대 기술을 선택적으로만 도입함으로써 공동체 중심의 삶을 유지하고 있다.

이 전통은 오늘날 슬로우 라이프 운동, 디지털 디톡스, 지역 순환 경제, 자연주의적 교육 운동 등으로 확장된다. 탈기술은 기술을 완전히 폐기하는 것이 아니라, 기술이 없는 삶도 하나의 선택지로 고려되어야 한다는 가치를 지향하고 있다.

탈기술의 한계는 급속한 기술 변화와 상호 연결된 기술 생태계 속에서 선택의 자유가 실질적으로 제한될 수 있으며, 기술 발전의 방향을 적극적으로 형성하기보다는 수동적 대응에 그칠 수 있다는 점이다.

• 견기술 : 기술을 받아들이되 감시하는 사람들

견기술Tech-Restraint 운동은 제도적 통제를 통해 기술의 부작용을 최소화하려는 것으로, 19세기의 공장법이나 현대의 AI 규제가 여기에 속한다. 이들은 기술의 필요성은 인정하되, 그것이 인간과 사회에 미치는 부정적 영향을 제한하려 한다.

대표 사상가로는 한스 요나스가 있다. 그는 『책임의 원칙』에서 기술 발전이 초래할 수 있는 미래의 위험에 대해 현재 세대가 책임을 져야 한다고 주장한다. 이는 단지 기술의 위험을 경고하는 것이 아니라, 기술 설계의 기준 자체에 윤리적 고려를 내장하자는 요구로 이어진다.

현대의 AI 윤리 가이드라인, GDPR(일반 데이터 보호 규정), 기술 영향 평가TIA 등의 제도적 장치들도 이 전통에 속한다. 견기술은 기술 자체의 발전을 전면 부정하지 않지만, 그 경로를 사회적 합의와 인간 중심 가치에 맞게 조정하려는 시도다.

이 접근의 한계는 종종 기술의 부정적 측면에 집중하여 방어적이고 제한적인 관점에 치중하는 경향이 있다는 점이다. 또한 기술과 인간의 관계를 보다 적극적이고 창의적으로 재구성하는 비전이 상대적으로 결여될 수 있음을 의미한다.

▪ 선기술 : 기술을 인간 중심으로 재설계하는 사람들

선기술Tech-Humanization 운동은 기술을 거부하거나 회피하는 대신, 그것을 인간의 가치에 맞게 변형하고 활용하려 한다. 19세기 미술 공예 운동이나 현대의 크리에이터 운동이 이러한 시도다.

이들은 기술이 인간의 자율성, 창조성, 공동체성을 확장하는 도구가 될 수 있다고 바라보며 실제로 이를 실현하기 위해 움직인다.

앤드루 핀버그는 이러한 기술 인간화가 가능한 이유를 기술의 "사회적 구성" 개념으로 설명한다. 기술이 사회적 선택과 합의의 산물이라면, 우리는 그것을 인간의 가치에 맞게 민주적으로 변형할 수 있다는 것이다.

이 전통의 철학적 뿌리는 윌리엄 모리스와 존 러스킨에 있다. 이들은 산업화에 의해 파괴된 장인 정신과 노동의 의미를 복원하려 했고, 기술이 미적이고 도덕적인 공동체와 결합해야 한다고 보았다. 이 전통은 리처드 세넷의 『장인』에서 현대적으로 계승되며, 기술과 감성, 협업, 돌봄의 가치를 강조한다.

오늘날의 크리에이터, 메이커, 오픈 소스, 해커 문화 역시 선기술의 실천적 계승이다. 이들은 기술을 소수 전문가의 전유물이 아닌, 누구나 접근하고 변형할 수 있는 공동자산으로 간주한다. 기술은 다시 인간의 손에 쥐어진 도구이며, 창의적 표현과 윤리적 생산의 기반이 된다.

- **숭기술 : 기술이 유토피아를 불러온다고 믿는 사람들**

숭기술Tech-Utopia 운동은 기술 발전이 필연적으로 인류의 진보를 가져올 것이라고 믿는 관점을 갖는다. 19세기의 공상적 사회주의자들부터 현대의 트랜스휴머니스트들에 이르기까지 이 운동은 지속적인 영향력을 유지해왔다.

이 전통은 기술이 인간의 한계를 극복하고 이상 사회를 실현할 수 있다는 강한 낙관주의에 기반한다.

대표적 사상가는 레이 커즈와일이다. 그는 『특이점이 온다』에서 인공지능의 발전이 결국 인간을 초월적 존재로 진화시킬 것이라 예측했다. 또 유발 하라리는 『호모 데우스』에서 기술이 인간의 신성과 유사한 능력을 실현할 수 있다고 말했다. 이들의 공통점은 기술을 수단이 아닌 목적 자체로 여긴다는 데 있다.

케빈 켈리는 『기술은 어떻게 진화하는가』에서 기술을 생명체처럼 진화하는 존재로 설명하며, 인간은 그 흐름을 조정하기보다 동참해야 한다고 바라봤다. 이들은 AI가 인류를 완전히 새로운 단계로 이끌 '특이점Singularity'에 도달할 것이라 예측한다.

숭기술의 문제점은 기술의 사회적, 윤리적, 환경적 영향에 대한 비판적 고려가 부족하다는 점이다. 또한 기술 발전의 방향과 속도에 대한 민주적 논의와 사회적 선택의 여지를 축소시키는 경향도 있다.

기술을 인간답게 만드는 대응은 무엇일까

기술에 대응하는 다섯 가지 유형 중에서, '기술 인간화'의 개념과 가장 밀접하게 연관된 것은 선기술적 접근이다. 또한 견기술의 규범적 통제와 비판적 평가 역시 부분적으로 인간화에 기여할 수 있다. 이 두 접근은 기술의 잠재적 가치를 인정하면서도 인간 중심적 관점에서 기술을 재구성하려는 시도라는 공통점을 가진다. 그렇다면 기술 인간화의 구체적 기준은 무엇일까?

▪ 기술 인간화란 무엇인가

우선 기술 인간화Humanization of Technology의 개념부터 짚어 보자면, 이는 기술 발전의 방향과 활용 방식을 인간의 본질적 가치와 필요에 부합하도록 재구성하는 과정이다. 기술을 단순히 효율성과 생산성의 관점에서 평가하는 것이 아니라 인간의 존엄성, 자율성, 창조성, 공동체성 등의 가치를 중심으로 기술을 설계하고 활용하는 것을 의미한다.

더불어 기술 자체를 거부하거나 기술의 부정적 영향을 단순히 완화하는 것을 넘어, 기술과 인간의 관계를 재정립하여 기술이 인간의 잠재력과 가치를 확장하는 방향으로 발전하도록 하는 적극적 과정이다.

▪ 기술 인간화의 세 가지 핵심적인 기준

역사적 문화 운동의 분석과 현대 기술철학의 논의를 바탕으로 기술 인간화의 세 가지 핵심 기준을 도출할 수 있다. 이러한 기준들은 미술 공예 운동에서 크리에이터 문화에 이르는 각 운동이 당대의 기술적 도전에 대응하며 일관되게 추구해온 가치들을 체계화한 것이다.

첫 번째 기준인 자율성Autonomy은 기술이 인간의 자기결정권과 선택의 자유를 존중하고 확대하는지를 묻는다. 기술은 인간의 판단과 결정을 대체하거나 조작하기보다, 더 정보에 기반한 자율적 선택을 가능하게 해야 한다. 이는 단순히 기술 사용에 대한 선택권을 의미하는 것이 아니라, 기술 시스템의 작동 방식을 이해하고 그에 대한 실질적 통제권을 가질 수 있음을 뜻한다.

두 번째 기준인 창조성Creativity은 기술이 인간의 창조적 표현과 생산 능력을 확장하고 풍부하게 하는지를 평가한다. 기술은 인간을 수동적 소비자나 기계적 작업자로 축소시키기보다, 창조적 주체로서의 역할을 강화해야 한다. 이는 기술이 인간의 상상력과 표현 욕구를 제약하는 것이 아니라, 새로운 창조적 가능성을 열어주는 도구로 작용해야 함을 의미한다.

세 번째 기준인 공동체성Community은 기술이 인간 간의 유의미한 관계와 공동체적 연대를 강화하는지를 검토한다. 기술은 인간을 고립시키거나 원자화하는 것이 아니라 진정한 소통과 협력, 공동의 가치 실현을 촉진해야 한다.

이러한 기준들은 상호 연관되어 있으며, 기술 인간화를 위해서는 세 차원 모두에서의 균형 잡힌 발전이 필요하다. 또한 이 기준들은 고정된 것이 아니라 문화적, 역사적 맥락에 따라 구체적인 해석과 적용이 달라질 수 있는 유연한 개념이다.

기술에 맞선
역사 속 세 번의 응전

기술 인간화의 개념과 기준을 더 구체적으로 이해하기 위해, 역사적으로 중요한 세 가지 문화 운동인 미술 공예 운동, 대항문화 운동, 크리에이터 문화를 각각 살펴보자. 각 운동은 당대의 지배적 기술 패러다임에 대한 비판적 응전으로서, 인간 중심적 기술 관계를 모색한 대표적 사례다.

- **미술 공예 운동 : 기계화 시대에 장인의 정신을 지키다**

19세기 중반 영국에서 시작된 미술 공예 운동Arts and Crafts Movement은 산업 혁명으로 인한 대량 생산 체제와 노동의 기계화에 대한 비판적 응전이었다. 윌리엄 모리스, 존 러스킨 등이 주도한 이 운동은 기계적 생산에 의한 제품의 질적 저하와 노동자의 소외에 반대하며, 장인적 생산과 미적 가치의 회복을 주장했다.

미술 공예 운동이 추구한 가치는 기본적으로 노동과 예술의 통합을 통한 생산 과정에서 노동자의 창조적 기쁨과 자부심 회복이었다. 이들은 실용적 대상에도 미적 가치를 부여하는 '응용 예술'을 강조하며 일상 속의 아름다움을 추구했다. 또한 자연의 유기적 형태와 패턴에서 영감을 얻은 디자인을 통해 기계적 획일성에 대항하는 미적 대안을 제시했다.

미술 공예 운동은 인간의 창조성을 중심에 두고, 기술(특히 생산 기술)이 인간의 창조적 표현과 만족을 촉진해야 한다는 관점을 발전시켰다. 또한 자율성 측면에서는 노동자가 전체 생산 과정을 통제하고 자신의 창조적 비전을 실현할 수 있어야 한다고 보았다. 공동체성 측면에서는 작업장, 길드 등의 형태로 장인들 간의 협력과 지식 공유를 강조했다.

그러나 이 운동은 수공예 제품의 높은 가격으로 인해 소수 엘리트 계층에 국한되는 한계를 보였고, 산업화의 불가피한 흐름 속에서 주류 생산 방식을 변화시키는 데는 제한적 영향력을 가졌다.

- **대항문화 운동 : 기술 관료제에 대항하는 공동체적 응전**

1960-70년대 미국을 중심으로 전개된 대항문화 운동 Counterculture Movement은 전후의 대량 소비 사회와 기술 관료제에 대한 비판적 응전이었다. 이 운동은 물질주의, 획일화, 환경 파괴, 소외 등 현대 산업 사회의 문제점을 비판하며, 대안적 생활 양식과 가치를 추구했다.

대항문화 운동이 기술과 관련하여 중시한 가치는 무엇보다 인간 규모의, 환경적으로 지속 가능한 적정 기술의 추구였다. 이들은 '전 지구 카탈로그'와 같은 프로젝트를 통한 정보 민주화를 추진하여 지식과 도구에 대한 접근성 확대를 도모했다. 또한 중앙 집중적 시스템에 대한 의존을 축소하고 지역 공동체의 자율성을 강화하는 자급자족 체계를 발전시키고자 했다.

대항문화 운동은 특히 기술의 자율성과 공동체성 측면을 강조했다. 자율성 측면에서는 개인과 공동체가 기술에 종속되지 않고 스스로의 필요와 가치에 따라 기술을 선택하고 통제할 수 있어야 한다고 보았다. 공동체성 측면에서는 다양한 형태의 실험적 공동체와 네트워크를 형성하여, 기술을 통한 새로운 형태의 연대와 협력을 모색했다.

그러나 이 운동 역시 주류 사회에서의 영향력 제한, 공동체 유토피아주의의 한계, 그리고 결국 일부 아이디어가 상업화되고 체제에 흡수되는 모순을 경험했다.

▪ 크리에이터 문화 :
알고리즘 통제를 벗어나 모두가 창작자가 되는 시대

2000년대 이후 1인 미디어 환경에서 발전한 크리에이터 문화Creator Culture는 빅테크 기업 중심의 플랫폼 경제와 알고리즘적 통제에 대한 비판적 응전이다. 이 운동은 오픈 소스 운동, 탈중앙화, 블록체인 기술, 메이커 문화, 독립 크리에이터 생태계 등 다양한 형태로 나타나며, 디지털 기술의 창조적 전유와 민주화를 추구한다.

크리에이터 문화가 강조하는 주요 가치는 소수의 전문가가 아닌, 많은 사용자들이 콘텐츠와 기술의 생산에 참여하는 참여적 생산 체계였다. 이들은 오픈 소스, 크리에이티브 커먼즈 등을 통한 지식과 자원의 공유를 통해 개방성을 실현하고자 했다. 또한 중앙 집중적 플랫폼을 넘어선 분산형, P2P 기반의 디지털 인프라 구축을 통해 새로운 형태의 네트워크 거버넌스를 모색했다.

크리에이터 문화는 디지털 기술의 자율성, 창조성, 공동체성을 모두 강조한다. 자율성 측면에서는 사용자가 자신의 데이터와 디지털 정체성에 대한 통제권을 가져야 하며, 알고리즘과 플랫폼의 작동 방식에 대한 투명성과 참여가 보장되어야 한다고 본다. 창조성 측면에서는 디지털 도구를 통한 새로운 형태의 표현과 협업적 창작을 강조한다. 또 공동체성 측면에서는 디지털 네트워크를 통해 물리적 한계를 넘어선 새로운 형태의 연결과 협력을 발전시킨다.

그러나 이 운동 역시 내부 결속력 결여, 빅테크의 지배력, 디지털 불평등, 창작자의 경제적 불안정성 등의 도전에 직면해 있는 상황이다.

문화 운동이 보여주는 인간다운 기술의 기준

미술 공예 운동, 대항문화 운동, 크리에이터 문화라는 세 가지 문화 운동은 각각 다른 시대적 맥락에서 등장했지만,

모두 당대의 지배적 기술 패러다임에 대한 비판적 응전이라는 공통점을 가진다.

19세기 미술 공예 운동이 산업 혁명의 기계화와 대량 생산에 대응하여 장인적 가치를 복원하려 했다면, 20세기 대항문화 운동은 전후 기술 관료제와 대량 소비 사회에 맞서 공동체적 대안을 모색했다. 그리고 21세기 크리에이터 문화는 디지털 플랫폼의 집중화와 알고리즘적 통제에 대응하여 분산형 참여와 창작의 민주화를 추구하고 있다.

이러한 역사적 전개 과정에서 각 운동이 강조한 핵심 가치들—자율성, 창조성, 공동체성—이 어떻게 시대적 조건에 따라 재해석되고 발전되어왔는지 살펴보는 것은 현대 기술 시대의 과제를 이해하는 데 중요한 단서가 된다.

또한 이러한 비교 분석의 의의는 단순히 과거의 경험을 정리하는 데 그치지 않는다. 오히려 각 운동의 성과와 한계를 종합적으로 검토함으로써, 기술 인간화를 위한 보다 정교하고 실용적인 기준을 도출할 수 있다.

특히 각 운동이 직면했던 딜레마와 모순, 그리고 이를 극복하려는 시도들을 분석해보면 현재 우리가 직면한 AI 시대의 기술적 도전에 대응하는 방향성을 찾을 수 있을 것이다.

- **자율성 : 기술에 끌려가지 않고 선택할 수 있는가?**

미술 공예 운동은 자율성을 주로 산업 체제로부터의 독립과 장인의 작업 과정에 대한 통제로 이해했다. 이는 노동자가 전체 생산 과정을 통제하고 자신의 창조적 비전을 실현할 수 있는 능력을 강조한다. 대항문화 운동은 자율성을 보다 집단적, 생태적 관점에서 재해석했다. '적정 기술'과 자급자족 공동체는 중앙 집중적 시스템으로부터의 자율성과 지역적 자기 결정권을 추구했다. 크리에이터 문화에서 자율성은 네트워크화된 환경 속에서의 자기 결정권과 기술적 주권으로 발전한다. 이는 개인 정보 통제, 알고리즘 투명성, 플랫폼 거버넌스에 대한 참여 등을 포함한다.

세 문화 운동의 진화적 발전을 통해 확인할 수 있는 것은, 인간 중심 기술에서의 자율성이 자신의 데이터와 디지털 정체성에 대한 통제와 이해를 의미하는 정보적 자기 결정권을 포함한다는 점이다. 또한 기술 시스템의 작동 방식과 의사결정 과정이 사용자에게 이해 가능해야 한다는 기술적 가시성이 요구된다. 나아가 기술 발전과 규제에 관한 결정에 다양한 이해관계자가 참여할 수 있는 구조를 갖춘 참여적 거버넌스가 필수적이다.

• 창조성 : 기술은 창작의 통로가 되어주는가?

미술 공예 운동은 창조성을 주로 개인 장인의 표현과 기술적 숙련의 관점에서 이해했다. 윌리엄 모리스의 "유용하다고 생각하는 것, 아름답다고 생각하는 것 외에는 아무것도 당신의 집에 들이지 말라"는 말은 창조적 생산과 일상적 소비의 통합을 강조한다. 대항문화 운동은 창조성을 보다 집단적, 실험적 과정으로 확장했다. 버크민스터 풀러의 '디자인 과학'이나 스튜어트 브랜드의 접근은 창조성을 개인적 표현을 넘어 사회적 문제 해결을 위한 혁신적 사고로 바라본다. 크리에이터 문화는 창조성을 분산된 네트워크 속 협력적 과정으로 재개념화한다. 오픈 소스 철학이 강조하는 "충분한 눈이 있으면 모든 버그는 얕아진다"는 원칙처럼, 오픈 소스 모델은 창조성을 분산된 지능의 집합적 발현으로 본다.

문화 운동들의 창조성 개념 변화에서 얻을 수 있는 통찰은, 인간 중심 기술에서의 창조성은 기술이 사용자의 창조적 의도를 직관적으로 구현할 수 있도록 하는 도구적 투명성을 요구한다는 점이다. 또한 다양한 참여자들의 창조적 기여를 가능하게 하는 플랫폼과 프로토콜을 갖춘 협력적 인프라가 필요하다. 나아가 사용자가 자신의 필요와 맥락에 맞게 기술을 조정하고 확장할 수 있는 가능성을 의미하는 적응적 유연성이 보장되어야 한다.

▪ 공동체성 : 기술이 함께하는 네트워크로 이어지는가?

미술 공예 운동은 공동체성을 주로 지역적, 물리적 작업장과 길드를 중심으로 이해하고, 직접적인 대면 관계와 공유된 미적, 윤리적, 가치를 바탕으로 한 연대를 강조한다. 대항문화 운동은 공동체성을 보다 다양한 형태의 실험적 공동체와 네트워크로 확장했다. 도시 공동체, 농촌 코뮌, 대안적 교육 공간 등 다양한 형태의 공동체적 실험이 이루어졌으며, 공유된 가치와 생활 양식을 중심으로 한 새로운 연대 방식을 모색했다. 크리에이터 문화에서 공동체성은 물리적 경계를 넘어 글로벌 디지털 네트워크를 통해 형성되는 관심과 실천 중심의 커뮤니티로 발전한다. 오픈 소스 프로젝트, 팬덤 커뮤니티, 크리에이터 네트워크 등은 직접적 대면 없이도 강력한 협력과 연대를 가능하게 한다.

역사적 경험을 바탕으로 도출할 수 있는 공동체성의 조건은, 인간 중심 기술이 피상적 연결이 아닌, 깊이 있고 의미 있는 인간 관계를 촉진하는 상호 작용으로 이어져야 한다는 것이다. 또한 다양한 배경과 관점을 가진 사람들이 참여하고 기여할 수 있는 열린 구조를 갖춘 다양성과 포용성이 보장되어야 한다. 나아가 커뮤니티 구성원들이 규칙과 규범, 자원의 분배에 대해 공동으로 결정할 수 있는 메커니즘을 갖춘 공유된 거버넌스가 필수적이다.

- **서로 연결되고 보완하는 세 가지 기준**

자율성, 창조성, 공동체성이라는 세 가지 기준은 서로 분리된 것이 아니라 상호 의존적으로 함께 작용한다. 역사적 문화 운동의 경험은 이 세 차원이 균형 있게 발전할 때 진정한 기술 인간화가 가능하다는 사실을 보여주고 있다.

자율성은 창조성의 전제 조건이다. 창조적 표현은 자유로운 선택과 실험, 비판적 사고의 여지를 필요로 한다. 마찬가지로 자율성은 공동체적 맥락 없이는 단순한 개인주의나 고립으로 이어질 위험이 있다. 진정한 자율성은 타인과의 관계와 상호 책임 속에서 의미를 가진다. 공동체성은 다시 창조성과 연결된다. 풍요로운 공동체는 다양한 창조적 표현과 혁신을 촉진하며, 창조적 작업은 종종 공동체적 협력과 영감의 교환을 통해 풍부해진다.

따라서 인간 중심 기술은 이 세 가지 차원을 통합적으로 고려하고 발전시키는 접근이 필요하다. 예를 들어 디지털 플랫폼을 설계할 때, 사용자의 창조적 표현, 데이터와 알고리즘에 대한 자율적 통제, 그리고 의미 있는 커뮤니티 형성을 동시에 지원하는 방향으로 발전해야 한다.

미술 공예 운동, 대항문화 운동, 크리에이터 문화의 진화적 발전은 각 시대의 기술적, 사회적 맥락에 따라 이 세 가지 기준이 다양한 형태로 구현될 수 있음을 보여준다. 현대 AI 시대에도 이러한 기준들은 여전히 유효하며, 새로운 기술적 맥락에 맞게 재해석되고 적용될 필요가 있다.

기술 인간화를 위한
통합적 시선이 필요하다

기술에 대한 다섯 가지 대응 방식―반기술, 탈기술, 견기술, 선기술, 숭기술―중에서 기술 인간화는 주로 선기술의 방향성과 일치하며, 부분적으로 견기술의 비판적 관점을 수용한다. 이는 기술의 잠재적 가치를 인정하면서도, 그것이 인간의 본질적 가치와 필요에 부합하도록 적극적으로 재구성하는 과정이다.

역사적 문화 운동의 분석을 통해 도출한 자율성, 창조성, 공동체성이라는 세 가지 기준은 기술 인간화를 위한 구체적인 방향과 평가 틀을 제공한다. 이러한 기준은 단순한 추상적 가치가 아니라, 특정한 기술적, 제도적, 문화적 조건의 구현을 요구한다.

미술 공예 운동에서 크리에이터 문화로 이어지는 진화

적 발전은 기술 인간화가 고정된 이상이 아니라 각 시대의 기술적, 사회적 맥락에 따라 지속적으로 재해석되고 구현되어야 하는 역동적 과정임을 보여준다. 이는 AI와 빅데이터, 메타버스 등으로 대표되는 현대 기술 환경에서 더욱 중요한 의미를 가진다.

기술 인간화는 단순히 기술의 부정적 영향을 완화하는 방어적 접근이 아니라, 기술의 발전 방향과 의미를 인간 중심적 가치에 맞게 적극적으로 형성해가는 창조적 과정이다. 이는 기술 발전이 불가피한 현실 속에서, 인간의 존엄성과 잠재력을 보존하고 확장하기 위한 필수적 과제이기도 하다.

다음 장에서는 이러한 기술 인간화의 기준과 조건을 현대 AI 시대의 맥락에 적용하여 보다 구체적인 전략과 실천 방안을 모색해보려고 한다. 특히 AI가 인간의 자율성, 창조성, 공동체성에 미치는 영향과 도전을 분석하고, 이에 대응하는 인간 중심적 AI 발전의 가능성을 탐색해보자.

스페셜 노트 산업 혁명 기술에 대한 대안적 기술의 진화

연도	산업 혁명 기술 공장 자동화 기술 (생산 중심)	대안적 기술 개인 창작 기술 (도구 중심)
1760	방적기 제니 (하그리브스 작업장, 1764)	
1770	증기기관 개선 (제임스 와트, 1769)	
1780	동력 직기 (카트라이트 방직기, 1785)	
1790	면화 조면기 (엘리 휘트니, 1793)	
1800	자카드 직기 (리옹 직물 길드, 1981)	기계식 연필 (가모리언 모단, 1801)
1870	전화 (벨 전화회사, 1876) 축음기 (에디슨, 1877)	쿼티 타자기 (레밍턴, 1873)
1880	유도 전동기 (웨스팅하우스, 1883)	코다크 박스 카메라 (이스트만 코다크, 1888)
1890	디젤 엔진 (MAN AG, 1892)	영화 카메라 (에디슨 MFG 회사, 1391)
1920	자동 변속기 (제너럴 모터스, 1921)	라이카 35mm 카메라 (라이츠 카메라, 1925)
1950	CNC 머신 (MIT 서보메커니즘 연구소, 1952)	트랜지스터 라디오 (텍사스 인스트루먼츠, 1954)
1970	PLC (모디콘, 현재 슈나이더 일렉트릭, 1968)	디지털 카메라 프로토타입 (코다크, 1975) 벤처로이드 (소니, 1971)
1980	CIM 시스템 (지멘스/ 파낙, 1980)	IBM PC (IBM, 1981) 포토샵 프로토타입 (어도비, 1987) 매킨토시 (애플, 1984)
1990	스카라 네트워크 (GE 파낙, 1990)	월드 와이드 웹 (팀 버너스-리, 1989) 블로거 (파이라 랩스, 1999) 월드 와이드 웹 (CERN, 1996)
2000	산업용 IoT (지멘스/ 시스코, 2002)	플리커 (루드코프, 2004) 구글 어스 (유튜브 LLC, 2005) 아이폰 (애플, 2007) 윈도우 무비 메이커 (마이크로소프트, 2001) 안드로이드 (오픈 핸드셋 얼라이언스, 2008)
2010	팩토리 AI 시스템 (GE/ 지멘스, 2012)	인스타그램 (버린사, 2010) 프로크리에이트 (세비지 인터랙티브, 2011) 아이패드 어도비 (2011) 어도비 프리미어 프로 CC (어도비, 2013) 다빈치 리졸브 (블랙매직 디자인, 2010)
2020	팩토리 하PI (시멘스 + 오픈AI, 2022)	챗GPT (오픈AI, 2022) 미드저니 (미드저니사, 2022)

1760년부터 2020년까지 산업 혁명 기술과 대안적 기술의 발전

대안적 기술		
공예 디자인 기술 (시스템 중심)	오픈소스 해커 기술(재전유 기반)	커먼즈 기술 (공유+웹3+소셜)
자카드 직기 (조제프 마리 자카드, 1801)		
반영적 실천가(도널드 쇤, 1983)		
킬머스콧 프레스 인쇄술 (모리스&회사, 1891)		
모듈러 디자인 시스템 (바우하우스, 1923) 모듈러 공예 세라믹 (바우하우스, 1923)		
스튜디오 공예 운동 (미국 공예위원회, 1972)	아파넷 (1969), 이메일 (레이 톰린슨, 1971) 유즈넷 (1979)	
GUI 디자인 인터페이스 (애플, 1984)	OSI 프로젝트 (자유 소프트웨어 재단, 1983)	게시판 시스템 (BBS, 1980s) 컴퓨서브 (1980) 인터넷 레이 샤팅 (NC, 1900)
적절한 기술 운동 (ITDGs, 1994) CNC 라우터 for 크래프트 (숍봇 툴스, 1995) CNC 소프트웨어 (EMC, 1995)	리눅스 커널 (리누스 토르발스, 1991)	서비스로서의 원 (온라인 서비스, 1991) 모자이크 브라우저 (1993) 닷컴 붐 (1994-2001)
디자인 씽킹 (IDEO, 2000) 서비스 디자인 (라이브워크, 2001) 지속가능한 디자인 (파브리케이트, 2005) 탈라이카 모델 (MIT CBA, 2005) 릴리패드 아두이노 (리아 뷰클리, 2006) 레이저 커터 for 메이커 (에필로그, 2007)	프로세싱 (벤 프라이 & 케이시 리스, 2001) 블렌더 (톤 루센달, 2002) 깃 (리누스 토르발스, 2005) 깃허브 (깃허브, 2008)	웹2 소셜 플랫폼: 위키피디아 (2001) 프렌드스터 (2002), 마이스페이스 (2003) 페이스북 (2004), 트위터 (2006) 유튜브 커뮤니티 (2005) 블로그스피어 (2005)
휴먼 센터드 디자인 킷 (IDEO.org, 2010) 아두이노 for 크래프트 프로젝트 (아두이노, 2010) 투기적 디자인 (던&라비, 2009)	라즈베리 파이 (라즈베리 파이 재단, 2012)	공유 이코노미: 에어비앤비 (2008) 우버 (2009), 킥스타터 (2009) 인스타그램 (2010), 스냅챗 (2011) 틱톡 (2016) 비트코인 이더리움 (2015)
파라메트릭 NFT (Art Blocks, 2021) AI 어시스트 디자인 (미드저니, 2022) 하이브리드 크래프트 (디지털+전통공예, 2020s) 프롬프트 기반 크래프팅 (생성형 AI, 2023)	DAO 거버넌스 (아라곤, 스냅샷, 2020-2022) 오픈소스 AI 모델 (허깅페이스, 2020s) Web3 개발도구 (하드햇, 2020s)	웹3 커먼즈: 니파이 프로토콜 (컴파운드, 유니스왑, 2020) NFT 마켓플레이스 (오픈씨, 2021) DAO (컨스티튜션DAO, 2021) 공유경제: 클럽하우스 (2020) 온라인팬스 (2016), 패트리온 (2013) 서브스택 (2017)

위 표는 기술 발전이 단선적 진보가 아님을 보여준다. 260년간 산업 혁명 기술의 각 진보 단계마다 이에 대응하는 대안적 기술들이 지속적으로 출현했다는 것이 핵심 가설이다. 여기서 산업 혁명 기술은 주로 공장 자동화와 생산성 향상을 목표로 하는 기술들을 중심으로 정리했으며, 이러한 주류 기술에 대응하여 인간의 창작성과 자율성을 강조하는 대안적 기술들이 병행하여 발전해왔음을 보여준다.

1차 산업 혁명(기계화)에 대응하여 미술 공예 운동이 개인 창작 도구와 공예 디자인 기술을 발전시켰고, 2차 산업 혁명(전기화와 대량 생산)에 대응하여 대응문화 운동이 개인용 디지털 도구와 오픈 소스 기술을 창출했다. 또 3차 산업 혁명(디지털 자동화)에 대응하여 크리에이터·커먼즈 문화가 AI 협력 창작과 분산형 거버넌스, 공유 경제 기술을 발전시켰다.

19세기 이후 기술의 역사는 기술 인간화가 역사적으로 일관된 방향성을 가지고 발전해왔으며, 현재 AI 시대에도 새로운 형태의 인간 중심적 기술 대안이 가능함을 시사한다. 표의 마지막 행(2020년대)은 이러한 변증법적 과정이 4차 산업 혁명 시대에도 계속되고 있다는 것을 보여준다.

이 표의 완성도를 높이기 위해 KAIST 우운지 박사의 자문을 받아 공예 디자인 기술 영역을 보완했다. 도널드 쇤의 '반영적 실천가(1983)', CNC 라우터의 크래프트 영역 도입

(1995), 리아 뷰클리의 릴리패드 아두이노(2006), 그리고 프롬프트 기반 크래프팅(2023) 등이 추가되어 디자인 기술의 진화 과정이 더욱 명확해졌다.

또한 한국원자력통제기술연구원 박성윤 박사의 지적을 반영하여 표 해석의 주의점을 보완했다. 각 산업 혁명은 시간상 순차적으로 구분되지만, 실제 기술 발전은 병렬적으로 발생하고 중첩되며 진화해왔으며, 특히 디지털 기술, 오픈 소스 운동, 플랫폼 경제, 인공지능은 상호 기반 위에서 복합적으로 작용하고 있다.

4장

인간 중심 AI는 가능할 것인가

인공지능AI 기술의 급속한 발전은 이전의 기술 혁명들과는 본질적으로 다른 도전을 제시하고 있다. AI는 단순한 도구를 넘어 인간의 창조성과 판단 영역까지 침투하면서, 우리가 기술과 맺는 관계를 근본적으로 다시 바라보게 한다. 그렇다면 지금의 AI 시대에도 과거와 같은 기술 인간화의 기준을 적용할 수 있을까? 오늘날 인간 중심 기술의 실현이 이론적으로 가능한 것인지 들여다보자.

AI는 어디까지
인간을 대신할 수 있을까

AI 기술, 특히 최근의 생성형 AIGenerative AI의 발전은 인간의 고유 영역으로 여겨졌던 창조성과 판단력의 자동화 가능성을 보여준다. 산업 혁명이 물리적 노동력을, 정보 혁명이 정보 처리 능력을 자동화했다면, AI 혁명은 인간의 인지적, 창조적 능력의 자동화로 나아가고 있다.

이러한 변화는 세 가지 차원에서 새로운 질문을 제기한다. 첫째, 존재론적 차원에서 "창조성이 더 이상 인간만의 고유한 특성이 아닐 때, 인간다움은 무엇인가?"라는 근본적 질문이다. 둘째, 사회경제적 차원에서 예술가, 작가, 디자이너 등 창조적 직업군의 역할과 가치가 AI의 능력 향상에 따라 어떻게 재정의될 것인가 하는 문제다. 셋째, 윤리적 차원에서 중요한 판단과 결정이 AI 알고리즘에 의해 이루어질 때 인간의 도덕적 주체성과 책임의 문제가 어떻게 유지될 수 있는가 하는 과제다.

이러한 도전들은 기존의 기술철학적 접근만으로는 충분히 대응하기 어려운 새로운 차원의 문제를 제기하고 있다. 기술을 단순히 도구로 바라보는 관점으로는 AI가 인간의 인지 과정과 창조적 활동에 미치는 심층적 영향을 파악하기 어렵다.

기술 인간화의 기준이
AI 시대에도 적용될까

기술 인간화의 세 가지 기준인 자율성, 창조성, 공동체성은 AI 시대에도 유효하게 적용될까? 우선 AI 시대의 자율성은 단순히 기술 사용에 대한 선택권을 넘어, AI 시스템의 설계와 운영에 대한 참여권으로 확장되어야 한다. 전통적인 자율성 개념이 외부 간섭으로부터의 자유에 초점을 맞췄다면, AI 시대의 자율성은 알고리즘적 의사결정 과정에 대한 이해와 개입 능력을 포함해야 할 것이다.

AI에 대한 자율성은 개인적 층위에서는 사용자가 자신의 데이터와 AI와의 상호 작용 방식에 대한 실질적 통제권을 가져야 한다는 뜻이고, 사회적 층위에서는 AI 시스템의 개발과 배포에 관한 결정에 다양한 이해관계자가 참여할 수 있는 민주적 거버넌스가 필요하다는 이야기다. 기술적 층위에서는 설명 가능한 인공지능Explainable AI의 구현을 통해 AI 시스템의 작동 원리와 결정 과정이 투명하고 이해 가능해야 한다.

AI 시대의 창조성은 '인간 대 AI'의 경쟁 구도가 아니라 '인간과 AI'의 협업 모델로 재개념화될 수 있다. 하지만 AI 시대는 창조성의 본질에 대한 새로운 이해를 요구한다. 창조성이 무에서 유를 만들어내는 절대적 능력이 아니라 기존 요소들을 새롭게 조합하고 의미를 부여하는 과정이라면, AI

는 이러한 과정에서 강력한 협력자 역할을 할 수 있다. 중요한 것은 인간이 창조적 과정에서 방향 설정자와 의미 부여자로서의 역할을 유지하는 것이다. AI가 기술적 실행과 가능성 탐색을 담당하더라도, 창작의 목적과 가치, 그리고 최종적인 의미 해석은 인간의 고유 영역으로 남을 수 있다.

공동체성에 있어서는 AI가 양면적 영향력을 지닌다. 한편으로는 언어 장벽을 넘나드는 번역, 지리적 제약을 극복하는 협업 도구, 개인 맞춤형 매칭을 통한 새로운 형태의 연결을 가능하게 할 수 있다. 그러나 다른 한편으로는 인간관계를 알고리즘적으로 매개함으로써 관계의 진정성과 깊이를 훼손할 위험도 있다. 핵심은 AI가 인간 관계를 대체하는 것이 아니라 매개하는 역할에 머물도록 하는 것이다. AI를 통해 더 많은 사람들과 연결될 수 있고 더 효과적으로 소통할 수도 있지만, 관계의 핵심적 가치와 의미는 여전히 인간들 사이의 직접적 상호 작용에서 나와야 한다.

인간과 AI 관계의
새로운 패러다임

기술 인간화 기준이 AI에 적용 가능하다면, 인간과 AI의 관계는 어떤 모델로 구성되어야 할까? 여기서는 세 가지 가능한 패러다임을 검토해보자.

첫 번째 패러다임은 AI를 인간 능력의 확장으로 보는 관점이다. 이는 기존의 도구적 관계를 정교화한 것으로, AI를 매우 정교하고 지능적인 도구로 간주한다. 이 관점에서 AI는 인간의 의도를 더 효과적으로 실현하는 수단이며, 인간은 여전히 목적 설정과 가치 판단의 주체로 남는다. 이 모델의 장점은 인간의 주체성을 명확히 보존한다는 점이다. 그러나 AI의 복잡성과 자율성이 증가할수록 단순한 도구적 관계로 설명하기 어려운 상황들이 발생할 수 있다.

두 번째 패러다임은 인간과 AI를 서로 다른 강점을 가진 협력 파트너로 보는 관점이다. 인간은 맥락 이해, 가치 판단, 창의적 비전에서 우위를 가지며, AI는 패턴 인식, 데이터 처리, 반복적 작업에서 뛰어난 능력을 보인다. 양자의 강점이 결합될 때 어느 한쪽만으로는 달성할 수 없는 결과를 만들어낼 수 있다. 이 모델에서 중요한 것은 상호성과 보완성이다. 인간과 AI가 일방적 관계가 아닌 상호 영향을 주고받는 관계를 형성하되, 각자의 고유한 역할과 책임을 유지해야 한다.

세 번째 패러다임은 인간과 AI가 상호 작용을 통해 함께 발전해나가는 공진화적 관계다. 공진화는 인간이 AI를 통해 새로운 능력을 개발하고, AI도 인간과의 상호 작용을 통해 더 정교해지는 역동적 과정을 상정한다. 이 관점에서는 기술과 인간의 경계가 유동적이며, 양자의 관계 자체가 지속적으로 재구성된다. 중요한 것은 이러한 공진화 과정이 인간의 존엄성과 가치를 훼손하지 않는 방향으로 진행되도록 하는 것이다. 세 가지 패러다임은 모두 인간과 AI의 관계를 이해하는 서로 다른 틀을 제공하지만, 공통적으로 드러나는 핵심은 인간의 주체성과 가치가 여전히 중심에 있어야 한다는 점이다. AI를 단순한 '도구tool'로 볼 것인가, 아니면 독자적 의사결정 능력을 지닌 '에이전트agent'로 볼 것인가라는 논쟁과도 맞닿아 있다. 첫 번째 패러다임은 전형적인 도구 관점에 가깝고, 두 번째와 세 번째 패러다임은 점차 에이전트적 속성을 인정하는 시각에 해당한다. 그러나 어떤 모델을 취하든, AI가 인간의 존엄성과 가치를 훼손하지 않고 오히려 확장하는 방향으로 작동하려면 인간이 의미와 목적의 주체로서 역할을 지켜야 한다.

AI 시대
'제3의 응전'의 조건

AI 도구-에이전트 논쟁에서 진정으로 중요한 것은 인간 중심성을 어떻게 제도화하고 실현할 수 있을지에 대한 문제다. 따라서 역사적 문화 운동에서와 같은 '제3의 응전'이 AI 시대에도 가능하기 위해서는 어떤 조건이 필요한지를 물어야 한다. 우선 기술적으로 보자면 AI 기술이 소수의 대기업에 독점되지 않고, 다양한 주체들에 의해 활용 가능해야 한다. 또한 단순히 AI 서비스를 사용하는 것을 넘어, AI 모델을 이해하고 수정하며 개선할 수 있는 기술적 주권을 가져야 할 것이다. 오픈 소스 AI 모델의 발전과 AI 교육의 확산이 이러한 조건을 뒷받침할 수 있다.

제도적 조건으로는 AI의 개발과 배포에 관한 결정이 소수 전문가나 기업의 전유물로 머물지 않고, 다양한 이해관계자가 참여하는 민주적 과정이 되어야 한다. 민주적 과정은 더 나아가 기술 전문성과 사회적 지혜를 결합하는 새로운 형태의 거버넌스를 요구한다.

문화적 조건으로는 일반 시민들이 AI에 대한 기본적인 이해를 바탕으로 그 영향력과 한계를 비판적으로 평가할 능력을 가져야 한다. 단순한 기술적 지식을 말하는 것이 아니라, AI가 사회와 개인에게 미치는 영향을 종합적으로 사고할 수 있는 문화적 역량을 갖춰야 한다는 뜻이다.

경제적 조건으로는 AI 기반의 새로운 경제 활동이 소수 플랫폼에 의존하지 않고, 다양한 규모와 형태의 경제 주체들이 참여할 수 있는 생태계를 형성해야 한다. 창작자, 소상공인, 지역 공동체 등도 AI를 활용하여 자립적 경제 활동을 영위할 수 있어야 할 것이다.

인간 중심 기술의
가능성과 한계 사이

AI 시대의 인간 중심 기술이 가능한가라는 질문에 대한 답은 단순하지 않다. 이론적으로는 분명히 가능성이 존재하지만, 그 실현 여부는 다양한 조건들이 충족되느냐에 달려 있다. 물론 기술 인간화의 기준을 AI에 적용할 수도 있고, 실제로 인간과 AI가 협력하는 새로운 모델도 실험되고 있다. 역사적으로도 기계화, 산업화, 디지털화의 큰 변곡점마다 기술에 대한 창조적 응전이 가능했다는 점에서 충분히 낙관적인 전망이 가능하다. 또 AI의 능력이 인간의 한계를 보완해준다면 오히려 이전에는 상상하기 어려웠던 풍부한 인간적 가능성이 열리고, 새로운 삶의 방식이 탄생할 수도 있을 것이다.

그러나 현실적인 제약도 분명히 존재한다. AI가 지닌 복잡성과 강력함, 그리고 현재 AI에 대한 개발과 운영이 소수 기업에 집중되어 있다는 현실은 여러 비관적 우려를 낳는다. 자칫 AI는 인간의 자율성을 제약하고, 창조적 활동을 획일화하며, 공동체를 파편화할 위험도 있다. 이런 점을 고려하면 AI의 기술 인간화를 막연하게 낙관적으로 바라보기는 어렵다.

결국 AI의 인간 중심 기술은 조건부 가능성으로 이해하는 것이 적절하다. 적절한 기술적, 제도적, 문화적, 경제적 조건이 갖추어졌을 때 비로소 가능하며, 이러한 조건들을 만들어가는 것 자체가 우리에게 주어진 과제라고 할 수 있다. 인간 중심 AI 기술은 기술 발전이 자동적으로 인간 중심적인 결과를 가져다주지도 않으며, 반대로 필연적으로 비인간화를 초래하지도 않는다는 사실을 내포한다. 중요한 것은 우리가 어떠한 원칙 아래에 기술을 설계하며, 어떤 가치관을 바탕으로 인간과의 관계를 설정해나갈 것인지에 대한 우리의 능동적 선택이다.

가능성을 실현하기 위한 과제

AI 시대의 인간 중심 기술은 이론적으로 충분히 가능하지만, 그 실현은 자동적으로 주어지지 않는다. 기술은 인간이 어떤 원칙과 의도를 두고 다루느냐에 따라서 그 방향과 결과가 크게 달라지기 때문이다. 희망적인 가능성을 현실로 바꾸기 위해서는 의식적이고 지속적인 노력이 필요하다.

   기술의 발전 방향을 인간 중심적인 가치에 맞게 조정하고, 소수의 권력에 집중되지 않도록 다양한 주체들이 AI 기술에 접근하고 활용할 수 있는 조건을 마련해야 한다. 또한 AI와 함께 살아가는 새로운 삶의 방식을 창조적으로 실험해나가는 것도 중요하다.

   결국 AI 시대의 인간 중심 기술은 주어진 가능성이 아니라 만들어가야 할 가능성이다. 일부 관계자와 전문가에게 집중되는 것이 아니라, 기술 개발자와 정책 입안자를 비롯해 시민 사회, 개별 사회자 모두가 참여하는 집합적 프로젝트라고 봐야 한다. 그 결과는 다름아닌 우리의 선택과 실천에 달려 있다.

# 2부

기계의 시대,
인간다움은
어떻게 지켜졌는가

제1순환, 산업 혁명의 기술 도전에
대응하는 미술 공예 운동

산업 혁명은 인간의 육체적인 노동을 기계로 대체하며 인간의 '쓸모'를 위협한 첫 번째 기술 도전이었다. 기계는 인간의 물리적 노동뿐 아니라 작업에 대한 통제권, 사회적인 관계와 시간 개념까지도 근본적으로 변화시켰다. 이에 맞서 등장한 것이 바로 미술 공예 운동이었다. 장인의 손실과 예술적 감각, 노동의 품격을 되찾기 위해 등장한 미술 공예 운동은 첫 번째 기술 도전에 대한 인간의 첫 번째 문화적 '응전'이기도 했다.

― 1장 ―

산업 혁명,
인간의 자리를 바꾸다

19세기 런던은 세계 최초의 산업 도시로 변모하고 있었다. 템스강 연안을 따라 거대한 공장들이 들어섰고, 검은 매연이 도시를 뒤덮었다. 찰스 디킨스의 『어려운 시절』이 묘사하듯, 도시는 전례 없는 물질적 풍요와 극심한 빈곤이 공존하는 모순의 공간이 되어갔다. 이 시기는 인류 역사상 처음으로 기계가 인간의 노동을 대체하기 시작한 획기적인 전환점이었다.

인간과 기계의
첫 번째 대결

산업 혁명은 18세기 중반 시작된 일련의 기술 혁신에서 비롯되었다. 제임스 와트의 증기 기관(1769)을 시작으로, 방적기(1764), 방직기(1785) 등의 발명은 생산 방식의 근본적 변화를 가져왔다. 수공업 중심의 생산 체제는 급속히 기계화된 공장제로 대체되었다. 이전까지 인간의 육체적 노동으로만 가능했던 작업들이 기계를 통해 자동화되면서, 사회 전반에 걸쳐 엄청난 변화가 일어났다.

이러한 변화는 노동자들의 삶을 근본적으로 바꾸어놓았다. E.P. 톰슨이 '시간 규율의 혁명'이라 부른 이 과정에서, 노동자들은 자연의 리듬에 따른 전통적 노동 방식을 버리고 공장의 시계가 지배하는 새로운 규율에 적응해야 했다. 장인들의 자율적 작업 문화는 해체되었고, 그들은 기계의 부속품으로 전락했다.

칼 마르크스는 이를 '노동 소외'의 관점에서 분석했다. 1844년 『경제학-철학 수고』에서 그는 자본주의적 생산이 노동자를 네 가지 차원에서 소외시킨다고 지적했다. 바로 노동 생산물로부터의 소외, 노동 과정으로부터의 소외, 인간의 유적 본질로부터의 소외, 그리고 타인으로부터의 소외가 그것이다.

칼 폴라니는 『거대한 전환』에서 이를 '사회적 외과 수술'로 규정했다. 그에 따르면, 시장 경제의 출현은 인류 역사상 유례없는 사회 조직 원리의 전환을 의미했다. 경제가 사회 관계에 배태되어 있던 전통적 질서가 무너지고, 시장이 사회를 지배하는 새로운 체제가 등장한 것이다.

더 이상 성취감을
주지 않는 노동

산업 혁명이 가져온 가장 중요한 변화는 노동의 성격과 의미의 변화였다. 이전까지 장인들은 제품의 구상부터 완성까지 전 과정을 주도적으로 수행했다. 이 과정에서 그들은 창조적 기쁨과 성취감을 느꼈고, 이것이 그들의 정체성과 자부심의 핵심이었다.

그러나 기계화된 공장에서 노동자들은 전체 생산 과정의 극히 작은 부분만을 담당하게 되었다. 단순하고 반복적인 작업, 기계의 속도에 맞춘 노동, 외부에서 주어진 생산 목표 등으로 인해 노동자들은 자신의 작업에 대한 통제권과 의미를 상실했다. 디킨스의 소설 속 인물이 말하듯, 그들은 "살아있는 기계"로 전락한 것이다.

노동의 변화는 단순한 작업 방식의 변화를 넘어, 노동자들의 내면과 사회관계까지도 영향을 미쳤다. 공장의 시계에 맞춘 생활, 기계적 감독 체계, 개인적 관계가 사라진 작업 환경은 노동자들의 사회적 유대를 약화시켰다. 이제 그들은 단순한 '인력(人力)'으로 취급되었고, 기계와 같은 방식으로 관리되었다.

프리드리히 엥겔스가 『영국 노동자계급의 상태』에서 묘사한 것처럼, 산업 도시는 열악한 주거 환경, 질병, 아동 노동 등 새로운 형태의 빈곤을 낳았다. 도시의 성장은 공동체의 해체와 사회적 유대의 약화를 동반했다.

산업화로 이어진
사회적 변동의 뿌리

산업 혁명이 가져온 변화를 이해하기 위해서는 그 뿌리부터 살펴볼 필요가 있다. 산업화의 기초를 마련한 사회적 변화는 이미 수세기 전부터 진행되고 있었다.

이러한 전환의 역사적 기원은 농촌 공동체의 해체에서 찾을 수 있다. 14세기부터 시작된 인클로저 운동은 1760년대에 절정에 달했고 1832년까지 지속되었다. 토마스 모어는 이미 1516년 『유토피아』에서 이러한 변화를 '양이 사람을 먹는다'고 표현하며 비판했다. 폴라니가 지적했듯, 이는 전통적 생활 방식의 강제적 해체 과정이었다.

이러한 농촌 공동체의 해체는 토지로부터 분리된 노동력을 만들어냈고, 이들은 새로운 공장 시스템에 흡수되었다. 산업화는 단순히 기술적 혁신만이 아니라, 오랜 시간에 걸친 사회적 조건의 변화가 만들어낸 결과였다.

이 과정에서 농촌에서 도시로의 대규모 인구 이동이 일어났다. 1750년부터 1850년까지 약 100년 동안 영국의 도시 인구는 6배 이상 증가했다. 이러한 급격한 도시화는 빈민가, 위생 문제, 질병, 범죄 등 새로운 사회 문제들을 낳았고, 이는 다시 산업화에 대한 저항의 토대가 되었다.

숙련된 장인 기술의 가치 하락

산업 혁명의 또 다른 중요한 특징은 숙련 노동의 가치 하락이었다. 이전까지 수공업 장인들의 기술과 노하우는 높은 가치를 지녔으며, 이를 습득하기 위해서는 수년간의 견습 과정이 필요했다. 그러나 기계화된 생산 방식에서는 이러한 숙련된 기술이 불필요해졌다. 새로운 기계들은 복잡한 작업을 단순한 반복 작업으로 분해함으로써, 최소한의 훈련만 받은 비숙련 노동자도 작업을 수행할 수 있게 했다. 이로 인해 전통적인 장인들의 지위는 급격히 하락했고, 그들의 지식은 물론 윌리엄 모리스가 '만드는 즐거움'이라 표현한 창조적 만족감마저 위협받게 되었다.

이러한 탈숙련화는 노동자들의 협상력과 자율성을 크게 약화시켰다. 이제 그들은 쉽게 대체 가능한 존재가 되었고, 이는 임금과 노동 조건의 악화로 이어졌다. 기계가 인간의 기술을 대체하면서, 인간 노동의 가치와 의미가 근본적으로 재정의된 것이다.

중요한 건
기술 그 자체가 아니다

산업 혁명은 인류가 처음으로 경험한 대규모 기술 혁신이었으며, 이는 인간과 기계의 관계에 대한 근본적인 질문을 제기했다. 기계가 인간의 노동을 대체하기 시작했을 때, 사람들은 인간의 존재 의미와 노동의 가치가 어떻게 변화할 것인지 고민해야 했다.

이 첫 번째 기술 도전에 대한 다양한 반응들은 오늘날 AI 시대를 사는 우리에게도 중요한 시사점을 제공한다. 기술 발전이 필연적으로 인간을 기계의 부속품으로 전락시키는 것은 아니며, 우리가 어떤 가치를 중심에 두고 기술을 발전시키느냐에 따라 그 결과는 달라질 수 있다.

산업 혁명의 가장 핵심적인 교훈은 기술 자체가 아니라 그것이 사용되는 사회적, 문화적 맥락이 더욱 중요하다는 것이다. 이러한 관점에서 볼 때, 산업 혁명이 제기한 질문—인간은 기계 부품으로 전락할 것인가?—는 오늘날 AI 시대에도 여전히 유효하다. 인간이 기계의 부속품이 되느냐, 아니면 기계가 인간의 창조성을 확장하는 도구가 되느냐는 기술 그 자체가 아니라, 우리가 그것을 어떻게 설계하고 활용하느냐의 선택에 달려 있다.

―― 2장 ――
기술은 우리의 구원자인가, 파괴자인가?

산업 혁명이 초래한 급격한 변화는 사회 전반에 양가적 반응을 불러왔다. 한편에서는 기계화가 가져올 인간성의 위기를 우려했지만, 다른 한편에서는 이를 인류 진보의 새로운 단계로 환영했다. 이처럼 기술이 인간에게 축복인지 재앙인지에 대한 논쟁은 산업 혁명 시대부터 지금까지 지속되고 있다. 기술 낙관론과 기술 비관론이라는 두 극단의 관점 사이에서 우리는 어떻게 균형을 잡아야 할까?

기술이 약속한
이상적인 미래

서구의 기술 낙관주의는 프란시스 베이컨의 『새로운 아틀

란티스』에서 그 철학적 기원을 찾을 수 있다. 베이컨은 이 유토피아 소설에서 과학 기술이 인류를 자연의 구속으로부터 해방시키고 풍요로운 사회를 가져올 것이라 예견했다. 이러한 전망은 계몽주의를 거쳐 19세기 산업 혁명기의 기술 낙관론으로 이어졌다.

19세기 런던의 대박람회는 이러한 기술 낙관주의가 정점에 달한 순간이었다. 조지프 팩스턴이 설계한 수정궁에는 기술 진보에 대한 빅토리아 시대의 자부심을 상징하는 당대 최신 기계들이 전시되었다. 『펀치』지는 이를 "세계의 작업장에서 열린 평화의 축제"라고 칭송했다.

앤드류 유어는 『제조업의 철학』에서 기계화된 공장을 "완벽한 자동 시스템"으로 찬양했다. 그에 따르면 기계는 인간의 실수와 게으름을 제거하고, 완벽한 정확성과 효율성을 가져다준다.

또 찰스 배비지는 『기계와 제조업의 경제에 대하여』에서 기계화가 가져올 생산성 혁명을 예견했다. 그는 분업과 기계화의 결합이 제조업의 효율성을 극대화할 것이라 보았고, 이것이 사회 전체의 부를 증진시킬 것이라 기대했다. 그의 계산기 설계는 이러한 비전의 실천적 사례였다.

이러한 기술 낙관론의 핵심은 산업화가 초래한 문제들을 더 발전된 기술로 해결할 수 있다는 믿음이었다. 예를 들어 공장의 공해 문제는 더 효율적인 증기 기관으로, 작업장의 위험은 더 안전한 기계 설계로, 노동 강도의 문제는 더 진보된 자동화로 해결할 수 있다고 보았다. 찰스 배비지의 계산기와 제임스 나스미스의 증기 해머는 이러한 '기술을 통한 기술 문제의 해결'이라는 관점을 보여주는 대표적 사례였다.

기술 낙관론은 더 근본적인 전망으로 이어졌다. 기술 발전이 결국 노동자들을 단순 육체 노동에서 해방시키고 더 지적이고 창조적인 일로 이끌 것이라는 전망이었다. 앤드류 유어는 자동화된 공장 시스템이 궁극적으로 노동자들을 기계의 부속품이 아닌 기계의 감독자로 만들 것이라 예견했다. 이러한 낙관적 전망은 오늘날 인공지능 시대의 기술 낙관론과도 맥을 같이 한다.

기술에 반대하는 러다이트의 저항

산업 혁명 당시 모든 이들이 기술의 발전을 환영한 것은 아니었다. 산업 혁명의 초기부터 기계의 도입에 대한 강력한, 때로는 폭력적인 저항이 있었다. 그 가운데 가장 잘 알려진 것이 '러다이트 운동'이다.

근대적 의미의 반기술 운동은 러다이트 운동과 함께 시작되었다. 이전에도 새로운 기술에 대한 저항은 있었지만, 기술 그 자체의 사회적 영향을 문제 삼은 것은 러다이트 운동이 처음이었다. 1811년부터 1816년까지 영국에서 전개된 이 운동은 이후 모든 반기술 운동의 상징적 기원이 되었다.

E.P. 톰슨이 『영국 노동계급의 형성』에서 상세히 분석했듯이, 러다이트들은 단순한 기계 파괴자가 아니라 전통적 노동 문화를 지키려 했던 숙련 노동자들이었다. 이들은 공장제 기계 생산이 자신들의 숙련된 기술과 자율성, 그리고 공동체적 생활 방식을 위협한다고 보았다.

러다이트 운동은 1811년 3월 노팅엄셔의 편직공들의 저항으로 시작되었다. 이들은 값싼 모조품을 대량 생산하는 새로운 편직기에 반대했다. '네드 러드의 아들들'이라 자칭한 이들은 야간에 공장을 습격하여 기계를 파괴했다. 정부는 기계 파괴를 사형죄로 규정하는 법을 제정했지만, 저항은 꾸준히 확산되었다.

1812년에는 요크셔의 직물공들이 가세했다. 이들은 기계식 전단기에 반대하며 '크롭퍼 장군'의 이름으로 행동했다. 랭커셔에서는 면직물공들이 증기력 직기에 저항했다. 각 지역의 특수성에도 불구하고, 이들은 모두 기계화가 초래하는 숙련 노동의 해체에 반대하는 입장을 보였다.

정부는 1812년 봄 대규모 진압 작전을 펼쳤다. 12,000명의 병력이 투입되었고, 러다이트들의 지도자들이 체포되어 처형되었다. 1816년까지 산발적인 저항이 계속되었지만, 군사적 탄압과 경제 상황의 호전으로 운동은 점차 약화되었다. 그러나 이들의 저항 정신은 차티스트 운동 등 이후의 노동 운동으로 이어졌다.

케빈 빈필드의 『러다이트들의 글쓰기』가 보여주듯, 러다이트들은 자신들의 행동에 분명한 정당성을 부여했다. 그들의 편지와 선언문은 기계화가 초래하는 공동체의 해체와 숙련 노동의 가치 하락에 대한 우려를 담고 있었다. 그들에게 기계 파괴는 공동체의 생존권을 지키기 위한 정당한 저항이었다.

하지만 당시 영국의 보수적인 지식인들은 러다이트 운동의 폭력성과 비합리성을 비판했다. 그들은 러다이트들이 불가피한 기술 진보를 막으려 했고, 이는 결과적으로 영국 산업의 발전을 저해했다고 본다. 특히 러다이트들의 야간 습격과 기계 파괴는 법치주의에 대한 심각한 도전이었다는 것이다.

칼 폴라니는 『거대한 전환』에서 러다이트 운동을 보다 구조적인 관점에서 해석했다. 그에 따르면 이는 시장 경제의 급격한 확장이 사회적 관계를 파괴하는 것에 대한 '자기보호적 반작용'이었다. 전통적 생활 방식이 시장의 논리에 의해 해체되는 것에 대한 사회의 본능적 저항이었다는 것이다.

또 에릭 홉스봄은 이들의 저항을 '원초적 반란'으로 규정했다. 그에 따르면 러다이트들은 근대적 의미의 계급 의식은 없었지만, 그들의 저항은 산업자본주의에 대한 본능적 거부를 표현했다. 이후의 노동 운동이 보다 조직적이고 정치적인 성격을 띠게 되는 것과 달리, 러다이트 운동은 전자본주의적 가치를 수호하려는 공동체적 저항의 성격이 강했다.

커크패트릭 세일은 『미래에 대한 반란』에서 러다이트 운동의 현대적 의의를 강조했다. 그에 따르면 러다이트들의 진정한 문제 제기는 '기술의 민주적 통제' 가능성에 관한 것이었다. 기술 발전의 방향과 속도가 공동체의 필요와 가치를 반영해야 한다는 그들의 주장은, 오늘날 기술 윤리 논의의 중요한 선구가 되었다.

자연으로 회귀하는
낭만주의적 대응

러다이트 운동이 직접적인 저항을 통해 기계화에 맞섰다면, 낭만주의 운동은 산업 문명에 대한 문화적, 정신적 대안을 모색했다. 낭만주의자들은 산업화된 도시와 기계적

일상에서 벗어나, 자연과의 조화 속에서 진정한 인간성을 회복하고자 했다.

워즈워스와 코울리지를 중심으로 한 영국의 낭만주의 시인들은 자연으로의 회귀를 주창하며, 산업화가 인간과 자연의 유기적 관계를 파괴한다고 보았다. 워즈워스의 『서정민요집』은 도시화와 기계화에 대비되는 자연의 순수성과 전원 생활의 가치를 노래했다.

토마스 칼라일은 『과거와 현재』에서 '기계 시대'를 더욱 직접적으로 비판했다. 그는 산업화가 인간을 기계의 부속품으로 전락시키고, 사회를 물질적 이해관계만을 추구하는 "현금 지불 관계"로 변질시켰다고 주장했다. 특히 『차티즘』에서는 산업화가 노동자들의 영혼을 파괴한다고 지적했다.

독일의 낭만주의자들은 보다 철학적인 접근을 취했다. 노발리스와 슐레겔은 기계적 세계관에 맞서 자연의 신비와 유기체적 세계관을 강조했다. 특히 노발리스의 "낭만화" 개념은 세계의 기계적 해석에 대한 시적 대안을 제시했고, 이는 독일의 자연철학 전통으로 이어졌다.

한편 초월주의자들은 이러한 문제의식을 실천적 생활 양식으로 발전시켰다. 에머슨은 『자연』에서 산업 문명이 인간과 자연의 근원적 관계를 단절시킨다고 비판하면서, 문명의 이기(利器)를 최소화하고 자연과의 직접적 교감을 추구하는 삶을 제안했다.

소로우는 이러한 철학을 더욱 급진적으로 실천했다. 그는 월든 호숫가에서 문명의 이기를 거의 사용하지 않는 단순한 삶을 실천했다.『월든』은 기술에 의존하지 않는 자급자족적 생활이 가능함을 보여주는 실험이었을 뿐 아니라, 현대 문명에 대한 근본적인 성찰을 담고 있었다.

이 운동들은 19세기 후반 더욱 다양한 형태로 발전했다. 영국에서는 에드워드 카펜터가 노동자들 사이에서 단순한 삶의 방식을 전파했고, 미국에서는 브롱슨 올콧이 프루트랜드 공동체를 통해 자급자족적 삶을 실험했다. 독일에서는 생활개혁운동Lebensreform이 자연주의적 생활 방식을 제창했다.

낭만주의와 초월주의의 유산은 오늘날의 다양한 탈기술 운동으로 이어진다. 생태 마을, 자급자족 공동체, 도시 농업, 그리고 단순한 삶을 추구하는 미니멀리즘 운동 등은 모두 이들의 문제의식을 계승하고 있다. "어떻게 기술 의존도를 줄이면서 풍요로운 삶을 영위할 수 있는가?"라는 그들의 질문은 여전히 유효하다.

부작용을 최소화하기 위한
제도적 규제

러다이트 운동과 낭만주의가 각각 저항과 도피의 전략을 취했다면, 또 다른 대응은 제도적 규제를 통해 기술 발전의 부작용을 최소화하려는 노력이었다. 19세기 초반부터 시작된 이러한 제도적 접근은 기술 자체를 거부하는 것이 아니라, 그것이 사회에 미치는 부정적 영향을 통제하고자 했다.

기술 규제는 자본 규제와는 구별되는 것으로, 기술이 가진 권위적이고 반인간적인 성격 자체를 제한하려는 시도였다. 랭던 위너가 『자율적 기술』에서 분석했듯이, 특정 기술은 그 자체로 권위적이고 위계적인 사회 관계를 강제한다. 기술 규제 운동은 이러한 기술의 반민주적 성격을 제한하려 했다.

1833년의 공장법은 이러한 기술 규제의 대표적 사례였다. B.L. 허친스와 A. 해리슨의 연구가 보여주듯, 이는 단순한 노동 시간 규제를 넘어 기계의 속도와 크기, 작업장의 공간 구조 등 기술의 물리적 형태를 규제하는 것이었다. 특히 방직기의 속도 제한은 기술의 반인간적 성격을 직접적으로 제한하려는 시도였다.

증기 기관에 대한 규제는 더욱 체계적이었다. 1831년의 증기 보일러 폭발 사고 이후, 기술 전문가들로 구성된 위원회가 증기 기관의 설계와 운영에 대한 상세한 규제안을 마련했다. 이는 단순한 안전 규제를 넘어 기술의 설계 단계부터 인간의 통제를 강화하려는 시도였다.

작업장의 공간 구조에 대한 규제도 점차 확대되었다. 채광, 환기, 작업 공간의 크기 등에 대한 규정은 기술이 강요하는 비인간적 노동 환경을 개선하는 동시에, 기술의 권위적 성격을 완화하고 노동자의 자율성을 보호하기 위한 시도였다.

또 공장 감독관 제도의 도입은 기술 규제의 제도화를 의미했다. 감독관들은 단순히 법규 준수를 감시하는 것을 넘어, 기술이 노동자에게 미치는 영향을 체계적으로 조사하고 개선 방안을 제시했다. 이들의 보고서는 이후 기술 규제의 중요한 근거가 되었다.

기계의 속도와 크기에 대한 규제는 특히 중요했다. 너무 빠른 기계 속도는 노동자의 리듬을 파괴하고 사고 위험을 높였다. 또한 거대한 기계는 노동자를 위압하고 그들의 자율성을 제한했다. 이에 대한 규제는 기술의 인간화를 위한 시도 중 하나였다.

그러나 19세기의 기술 규제는 분명한 한계를 가진다. 대부분의 규제가 사후적이고 보호적인 성격에 머물렀고, 기술 자체의 설계와 도입 과정에 노동자들이 참여할 수는 없었다. 그럼에도 기술 규제는 기술에 대한 사회적 통제의 가능성을 보여준 중요한 실험이었다.

아세모글루와 존슨은 『권력과 진보』에서 20세기 독일의 공동 결정 제도를 높이 평가한다. 1920년대에 도입된 이 제도는 노동자들이 기술 도입과 작업장 조직에 참여할 수 있게 했다. 이는 노동 생산성을 높이면서도 노동자의 자율성을 보장하는 새로운 형태의 기술 규제였다. 19세기의 보호적 규제와 달리, 기술 혁신과 노동자 권리를 조화시키는 진보적 모델을 제시했다.

이처럼 기술 규제의 시도는 기술 발전이 초래할 수 있는 부작용을 최소화하면서도, 그 잠재적 혜택을 활용하려는 균형 잡힌 접근을 보여준다. 오늘날 인공지능과 같은 새로운 기술에 대한 규제 논의도 이러한 역사적 경험에서 중요한 교훈을 얻을 수 있다.

기술의 양면성을 모두 바라본다면

19세기 산업 혁명 시대에 나타난 네 가지 반응—기술 낙관론, 러다이트 운동, 낭만주의적 탈산업화, 기술 규제—은 오늘날 AI와 같은 새로운 기술에 대응하는 우리의 태도에도 중요한 시사점을 제공한다. 특히 이들은 기술이 인간에게 축복인지 재앙인지를 단정적으로 판단하기보다, 기술의 양면성을 인식하고 균형 잡힌 접근이 필요함을 보여준다.

기술 낙관론은 산업 혁명이 가져온 물질적 풍요와 노동 생산성 향상을 강조했다. 이러한 낙관론은 부분적으로 현실이 되었다. 산업 혁명은 실제로 전례 없는 물질적 풍요를 가져왔고, 장기적으로는 노동 시간 단축과 교육 기회의 확대로 이어졌다. 그러나 당시 낙관론자들은 기술 변화가 초래하는 사회문화적 충격을 과소평가했다. 기계화는 단순히 생산 방식의 변화가 아니라 공동체의 해체와 전통적 생활 방식의 붕괴를 수반했던 것이다.

반면 러다이트 운동은 기술 변화의 부정적 측면을 예리하게 포착했지만, 그 대안은 제한적이었다. 기계의 파괴를 통해 기술 발전을 저지하려는 시도는 기술 변화의 복잡성과 불가피성을 간과한 측면이 있다. 그러나 그들의 저항은 단순한 기계 파괴가 아니라, 기술 발전이 고려해야 할 사회적, 문화적 맥락에 대한 중요한 메시지를 담고 있었다.

낭만주의자들의 탈산업화 전략은 기술 문명에 대한 근본적 대안을 제시했지만, 현실 적용의 한계를 가졌다. 소로우와 같은 인물의 실험은 소수의 개인적 사례에 그쳤고, 이러한 접근은 산업 사회의 전반적 문제를 해결하는 데 한계가 있었다. 그러나 이들이 제기한 자연과의 공존, 단순한 삶의 가치는 오늘날 환경 위기와 소비주의에 대한 중요한 성찰을 제공한다.

기술 규제의 사례는 기술 발전의 부작용을 최소화하면서도 그 혜택을 활용할 수 있는 가능성을 보여준다. 공장법과 같은 법적 규제, 더 나아가 독일의 공동 결정 제도와 같은 참여적 접근은 기술과 인간 사이의 창조적 균형을 모색했다. 이는 오늘날 AI 거버넌스와 같은 논의에도 중요한 시사점을 제공한다.

산업 혁명의 역사적 경험이 우리에게 주는 가장 중요한 교훈은, 기술 자체가 선악으로 규정되기보다는 그것이 설계되고 사용되는 방식, 그리고 그것을 둘러싼 사회적, 문화적 맥락에 따라 그 영향이 달라진다는 것이다. 기술은 단순히 구원자도, 파괴자도 아니며, 우리가 어떻게 활용하느냐에 따라 다른 결과를 가져올 수 있다.

아세모글루와 존슨이 『권력과 진보』에서 지적했듯이, 산업 사회의 궁극적인 풍요는 낙관론자들이 예상했던 것처럼 자동적인 과정이 아니라, 노동 운동과 사회 개혁을 통한 오랜 투쟁의 결과였다. 이런 주장은 기술 발전의 혜택이 모든 사회 구성원에게 공평하게 돌아가기 위해서는 사회적 노력과 제도적 혁신이 필요함을 보여준다.

결국 우리는
기술을 어떻게 쓸 것인가

기술에 대한 낙관론과 비관론 사이에서 우리가 찾아야 할 것은 '창조적 전유'의 접근이며, 기술을 인간의 가치와 필요에 맞게 재해석하고 변형하는 태도가 필요하다. 미술 공예 운동과 같은 실험이 보여주었듯이, 기술은 인간의 창조성과 자율성을 억압하는 도구가 아닌, 그것을 확장하는 수단이 될 수 있다.

기술이 구원자인가, 파괴자인가라는 질문은 애초에 잘못된 것인지도 모른다. 더 중요한 질문은 "우리는 기술을 어떻게 설계하고, 어떻게 사용할 것인가?"일 것이다. 산업 혁명의 역사는 기술 발전이 자동적으로 인간의 행복으로 이어지지 않음을 보여준다. 그것은 우리의 의식적 선택과 사회적 노력을 통해서만 인간적 가치를 실현하는 방향으로 발전할 수 있다.

오늘날 AI와 같은 새로운 기술에 직면한 우리에게, 산업 혁명의 경험은 중요한 고민거리를 제공한다. 이 기술들이 가진 양면성을 인식하고, 기술이 인간의 창조성과 자율성을 확장하는 방향으로 발전할 수 있도록 설계하고 활용하는 것이 우리에게 주어진 과제일 것이다.

3장
기계가 닿지 못하는 손의 세계

19세기 중반 영국에서는 산업 혁명이 초래한 변화에 대응하여 새로운 움직임이 시작되었다. 러다이트 운동이 기계의 파괴를 통해 저항했고, 낭만주의자들이 자연으로의 회귀를 추구했다면, 미술 공예 운동은 더 생산적이고 창조적인 대응을 모색했다. 그들은 기계를 전면적으로 거부하는 대신, 인간의 창조성과 자율성을 회복하면서도 산업 기술의 장점을 살릴 수 있는 방법을 찾고자 했다. 산업화 시대의 미술 공예 운동이 남긴 교훈은 오늘날 AI 시대에도 여전히 유효하게 적용될 수 있을까?

기계 시대에
인간적 가치를 지키는 방법

미술 공예 운동은 존 러스킨John Ruskin의 사상에서 출발했다. 영국의 미술 비평가이자 사회 사상가였던 러스킨은 1851년부터 1853년까지 출간한 『베니스의 돌』 중 '고딕의 본질'이라는 장에서 산업화된 생산 방식에 대한 대안을 제시했다.

러스킨은 중세 고딕 건축을 연구하면서, 장인들이 작업에서 얻는 기쁨과 그들의 개성이 작품에 반영되는 과정에 주목했다. 그는 고딕 건축의 특징인 불규칙성과 다양성을 칭송하며, 이것이 개별 장인들의 창조적 자유의 표현이라고 보았다. 러스킨에게 이러한 불완전함은 결함이 아니라 인간적 가치의 표현이었다.

러스킨은 현대 산업 생산의 문제를 단순히 기계 자체가 아니라, 그것이 야기하는 노동의 분절과 소외에서 찾았다. 그는 산업화된 노동이 인간을 단순한 '손'으로 전락시키며, 노동의 기쁨과 창조성을 박탈한다고 비판했다. 그가 보기에 진정한 문제는 노동자들이 더 이상 전체 생산 과정을 이해하거나 통제하지 못하고, 단순 반복 작업에 종사하게 되었다는 점이었다.

그의 해결책은 단순히 과거로 돌아가자는 것이 아니었

다. 대신 그는 "만드는 즐거움"이 회복된 새로운 형태의 노동을 제안했다. 이 노동에서는 작업자가 설계와 실행 모두에 참여하고, 자신의 창조적 판단을 자유롭게 행사할 수 있다. 러스킨에게 이상적인 노동은 기술적 숙련, 미적 판단, 그리고 도덕적 가치가 하나로 통합된 활동이었다.

특히 그는 『이것에 이르기까지』에서 경제 활동의 목적이 부의 축적이 아니라 인간의 풍요로운 삶이어야 한다고 주장했다. 이는 당시의 지배적 경제관인 고전 경제학에 대한 근본적 도전이었으며, 미술 공예 운동의 철학적 기초가 되었다.

노동을 창조로, 생산을 예술로 바꾸다

노동에 대한 러스킨의 사상을 적극적으로 실천에 옮긴 인물이 윌리엄 모리스였다. 시인, 소설가, 디자이너, 사회 활동가로 다양한 영역에서 활동한 모리스는 미술 공예 운동의 실질적 주도자로서, 러스킨의 이론을 구체적인 생산 방식과 사회 운동으로, 더 나아가 정치적 비전으로 발전시켰다.

모리스는 옥스퍼드 대학에서 신학을 공부하다 예술의 길을 택했다. 1850년대 후반부터 시인으로 활동하며『지상의 낙원』,『볼숭스의 우물』 등 중세를 주제로 한 서사시를 발표했다. 또한『어디에도 없는 곳에서 온 소식』을 통해 자신의 유토피아적 비전을 제시했다. 그의 문학 작품은 전통과 혁신, 예술과 노동의 새로운 관계를 모색했다.

1883년 모리스는 사회 민주 연맹에 가입하며 사회주의 운동에 투신했다. 그러나 그의 사회주의는 마르크스주의와는 달랐다.『나는 어떻게 사회주의자가 되었는가』에서 그는 산업화가 아닌 예술적 노동을 통한 사회 변혁을 주장했다. 그에게 사회주의는 노동의 즐거움과 창조성을 회복하는 운동이었다.

1861년 그는 모리스, 마셜, 포크너 앤 컴퍼니Morris, Marshall, Faulkner & Co.를 설립하여 러스킨의 이상을 실천에 옮기기 시작했다. 근대 최초의 종합 디자인 회사로 인정받는 이 기업은 가구, 섬유, 벽지, 스테인드글라스, 책 디자인 등 다양한 영역에서 활동했으며, 기계 생산과 차별화된 수공예 제품을 선보였다. 모리스는 직접 디자인을 하는 것은 물론, 장인들과 함께 작업하며 새로운 형태의 생산 공동체를 실험했다.

모리스의 접근은 단순한 복고주의가 아니었다. 그는 중세 양식을 그대로 복제하려 한 것이 아니라, 중세 장인들의 작업 방식과 정신을 현대적 맥락에서 재해석하려 했다. 그의 디자인은 자연에서 영감을 받았지만, 동시에 현대적 감각을 반영했다. 이는 전통과 혁신의 창조적 결합을 보여주는 사례였다.

특히 주목할 만한 것은 모리스가 기계를 무조건 거부하지 않았다는 점이다. 그는 기계가 단순 반복 작업을 대체함으로써 인간이 더 창조적인 활동에 집중할 수 있게 한다면, 그것은 환영할 만한 일이라고 보았다. 문제는 기계 자체가 아니라, 그것이 인간을 지배하고 창조성을 억압하는 방식으로 사용되는 것이었다.

1890년 모리스는 켐스콧 출판사를 설립하여 책 디자인과 인쇄 분야에서도 혁신을 이루었다. 그는 중세 필사본에서 영감을 받았지만, 당시의 최신 인쇄 기술을 활용하여 새로운 형태의 책을 만들어냈다. 이는 전통적 미학과 현대 기술의 창조적 결합을 보여주는 대표적 사례였다.

기술과 예술이
만들어낸 혁신

미술 공예 운동은 단순한 예술 사조를 넘어, 기술과 예술, 그리고 사회의 관계에 대한 근본적인 재고를 요구했다. 이 운동의 혁신적 측면은 다양한 영역에서 나타났다.

첫째, 미술 공예 운동은 디자인의 민주화를 추구했다. 이전까지 예술은 상류층의 전유물로 여겨졌지만, 미술 공예 운동은 일상 용품에 예술적 가치를 부여함으로써, 모든 계층이 아름다움을 향유할 수 있어야 한다고 주장했다. 이들은 의자, 테이블, 벽지, 직물 등 일상적 사물들의 디자인에 주목했다.

둘째, 이들은 전체 제작 과정의 통합을 추구했다. 산업화된 생산 방식이 설계와 실행을 분리시키는 반면, 미술 공예 운동은 디자이너와 제작자의 통합, 나아가 한 사람이 전체 과정을 이해하고 참여하는 방식을 지향했다. 이는 노동의 소외를 극복하고 창조적 만족감을 회복하기 위한 시도였다.

셋째, 미술 공예 운동은 재료와 기능에 대한 진실성을 강조했다. 이들은 산업 제품이 종종 값싼 재료로 고급 소재를 모방하거나, 불필요한 장식을 통해 제품의 본질을 가린다고 비판했다. 대신 그들은 재료의 본질적 특성을 존중하고, 기능에 충실한 디자인을 추구했다.

넷째, 공동체적 작업 방식을 발전시켰다. 미술 공예 운동의 작업장은 단순한 생산 공간이 아닌, 공동체적 협력과 학습이 이루어지는 장소였다. 이는 산업화된 공장의 위계적, 분절적 구조에 대한 대안을 제시했다.

미술 공예 운동의 이러한 혁신은 아르누보, 아르데코, 바우하우스 등 20세기 디자인 운동에 지대한 영향을 미쳤다. 특히 바우하우스는 미술 공예 운동의 이상을 현대적 맥락에서 재해석하여 예술과 기술, 장인 정신과 대량 생산의 조화를 추구했다.

예술가들의
이상적 공동체 실험

미술 공예 운동은 단순한 예술 운동을 넘어, 새로운 형태의 공동체와 사회를 실험하는 장이 되었다. 특히 다양한 형태의 예술가 공동체와 아르티장 유토피아 실험에서 그 본질이 잘 드러났다.

19세기는 이상적 공동체를 실현하려는 다양한 시도가 이루어진 시기였다. 로버트 오웬의 뉴 하모니, 에티엔 카베의 이카리아, 샤를 푸리에의 팔랑스테르 등 수많은 사회주의자들이 대안적 공동체를 건설하려 했다. 이들은 산업 혁명이 가져온 사회 문제를 해결할 새로운 생활 양식을 실험했다.

초기 사회주의자들의 실험이 생산과 소비의 공동체적 조직에 초점을 맞췄다면, 1850년대 이후에는 예술과 노동의 통합을 추구하는 공동체들이 등장했다. 존 러스킨의 성

조지 길드, 윌리엄 모리스의 작업장 공동체 등이 대표적이다. 이들은 장인적 생산 방식을 통해 노동의 인간화를 실현하고자 했다.

예술 공예 운동은 이러한 공동체 실험에 새로운 차원을 더했다. 이들은 단순한 생산 공동체가 아닌 예술적 창조성이 일상화된 새로운 사회를 꿈꾸었다. C.R. 애쉬비의 길드와 학교 운동, 에릭 길의 디칭햄 공동체 등이 이러한 시도였다.

모리스는 『어디에도 없는 곳에서 온 소식』에서 이상적 공동체의 가장 완성된 비전을 제시했다. 이 소설은 19세기 런던의 사회주의자가 미래의 이상 사회를 방문하는 이야기를 통해, 예술과 노동이 통합된 새로운 장인 공동체의 모습을 그렸다.

모리스가 그린 미래 사회에서는 모든 위계와 강제가 사라졌다. 정부나 법률은 존재하지 않고, 사람들은 자발적 협력을 통해 사회를 운영한다. 특히 주목할 것은 공장과 사무실이 사라지고, 대신 마을 공동 작업장들이 도시 곳곳에 자리 잡은 점이다.

이 사회에서 노동은 더 이상 강제된 의무가 아니라 즐거운 창조 활동이다. 사람들은 자신의 취향과 재능에 따라 다양한 공예 활동에 참여하고, 이를 통해 사회에 기여한다.

기계는 존재하지만, 이는 인간의 창조성을 보조하는 도구로만 사용된다.

예술은 특별한 영역이 아닌 일상생활의 일부가 된다. 건물과 가구, 의복, 그릇 등 모든 생활용품이 예술적으로 디자인되고 제작된다. 모리스는 이를 통해 예술이 소수의 전유물이 아닌 모든 이의 것이 되는 세상을 그렸다.

실제로 이러한 유토피아적 비전은 여러 실험적 공동체들을 통해 구현되려 했다. C.R. 애쉬비의 길드와 학교 운동은 도시를 떠나 시골에서 새로운 형태의 생산 공동체를 만들려 했고, 에릭 길은 디칭햄에서 예술가 공동체를 설립했다. 비록 이러한 시도들은 대부분 경제적으로 실패했으나 중요한 문화적 유산을 남겼다.

이러한 실험들의 현대적 의의는 기술과 문화의 관계에 대한 새로운 상상력을 제공했다는 점이다. 이들은 기술이 반드시 대규모 공장 체제나 노동의 소외로 이어질 필요가 없으며, 소규모 공동체적 생산과 창조적 노동이 가능하다는 것을 보여주었다.

이는 오늘날 크리에이터 이코노미, 메이커 운동, 도시형 공동체 실험에도 중요한 시사점을 준다.

왜 손으로 만든 것이
더 아름다운가

미술 공예 운동이 가장 중요시한 가치 중 하나는 장인 정신이었다. 이들은 왜 기계 생산이 아닌 손으로 만든 작품이 더 가치 있다고 보았을까? 그 이유는 단순한 복고주의나 기계에 대한 거부감이 아니라, 인간 창조성의 본질에 대한 깊은 통찰에 있었다.

첫째, 장인의 작업에는 깊은 지식과 이해가 담겨 있다. 장인은 재료에 대한 본질적 이해, 도구의 올바른 사용법, 기술의 발전 과정에 대한 지식을 체화하고 있다. 이러한 지식은 단순한 정보가 아니라 몸과 마음에 통합된 암묵적 지식이다. 이는 리처드 세넷이 『장인』에서 분석한 '몸의 지혜'와 통한다.

둘째, 장인 작업은 실수와 우연을 창조적으로 활용한다. 산업 생산이 균일성과 정확성을 추구한다면, 장인 작업은 작업 과정에서 발생하는 예상치 못한 상황을 창조적 기회로 전환한다. 이는 자연스러운 변이와 적응을 통한 진화와 유사하다.

셋째, 장인 작업에는 인간적 감성과 개성이 담긴다. 동일한 설계도로 만들더라도 각 장인의 손길은 제품에 미묘한 차이를 만들어낸다. 이러한 '불완전함'은 사실 인간적 감성의 표현이자, 각 작품을 특별하게 만드는 요소이기도 하다.

넷째, 장인 작업은 시간의 흐름과 성장을 담아낸다. 장인이 만든 제품은 시간이 지남에 따라 독특한 방식으로 변화하고 성숙한다. 가구의 광택이 깊어지고, 도자기의 색상이 미묘하게 변하는 등의 시간의 흔적은 제품에 더 깊은 의미와 가치를 부여한다.

다섯째, 장인 작업은 깊은 집중과 몰입의 경험을 제공한다. 미하이 칙센트미하이가 말한 '몰입flow' 상태는 장인 작업에서 자주 경험된다. 이러한 집중 상태는 그 자체로 보람 있는 경험이며, 이것이 장인 작업의 내재적 가치를 형성한다.

여섯째, 장인 작업은 보다 넓은 윤리적, 사회적 맥락과 연결된다. 장인은 지역 공동체, 전통, 환경과의 관계 속에서 작업한다. 이러한 맥락적 연결은 제품에 단순한 상품 가치를 넘어선 문화적, 사회적 의미를 부여한다.

이러한 장인 정신의 가치는 오늘날에도 여전히 중요한 의미를 갖는다. 특히 AI와 같은 새로운 기술이 창조적 영역까지 침투하는 현재, 인간 장인의 고유한 가치―체화된 지식, 창조적 적응, 개성적 표현, 시간성의 수용, 몰입 경험, 맥락적 연결―는 더욱 중요해지고 있다.

미술 공예 운동의 유산이
크리에이터 도시로

미술 공예 운동의 유산은 오늘날 네 가지 주요한 계보로 이어진다. 각각의 흐름은 서로 다른 방식으로 발전하면서도, 창조성과 기술의 인간화라는 공통된 문제의식을 공유한다.

첫 번째 계보는 디자인 혁신의 흐름이다. 미술 공예 운동에서 시작된 '형태는 기능을 따른다'는 원칙은 바우하우스를 거쳐 디터 람스의 브라운 디자인으로 이어졌고, 최종적으로 조나단 아이브의 애플 디자인 철학으로 발전했다. 이들은 기술과 예술의 조화를 통해 일상적 사물을 인간화하는 방법을 보여주었다.

두 번째 계보는 건축과 도시 재생의 흐름이다. 미술 공예 운동의 공간 철학은 1990년대 뉴어바니즘과 도시 재생 운동으로 이어졌다. 버려진 산업 시설을 문화 공간으로 전환하는 실험들은 현대의 어번 크리에이터들에게 영감을 주었고, 이들은 도시 공간을 창조적으로 재해석하는 새로운 흐름을 만들어냈다.

세 번째 계보는 공예와 메이커 문화의 흐름이다. 전통적 수공예 정신은 1960년대 DIY 운동을 거쳐 현대의 메이커 운동으로 발전했다. 이들은 디지털 기술과 수공예를 결합하여 새로운 형태의 창조적 생산을 실험하고 있으며, 이는 현대 공예 산업의 부활로 이어지고 있다.

네 번째 계보는 디지털 크리에이터의 흐름이다. 미술 공예 운동의 창조적 자율성 추구는 메이커 문화를 거쳐 디지털 아트, 디지털 콘텐츠 제작으로 이어졌고, 최종적으로는 현대의 플랫폼 기반 크리에이터 경제를 탄생시켰다.

주목할 점은 이 네 가지 흐름이 최근 도시 공간에서 수렴되고 있다는 것이다. 런던의 쇼디치, 뉴욕의 브루클린, 서울의 성수동과 같은 '크리에이터 타운'에서는 디자이너, 건축가, 공예가, 디지털 크리에이터들이 한 공간에 모여 새로운 형태의 창조적 협업을 만들어내고 있다.

이러한 융합은 도시를 단순한 배경이 아닌 창조적 실험의 장으로 만들고 있다. 크리에이터 타운에서는 디지털과 물리적 공간이 융합되고, 다양한 창조적 실천이 교차하며, 새로운 형태의 문화적 생산이 이루어진다.

미술 공예 운동의 유산이 현대 사회에서 다양한 형태로 계승되고 있다는 사실은, 19세기의 이 실험이 단순한 일시적 저항이 아니라 인간 창조성의 본질에 대한 깊은 통찰을 담고 있었음을 보여준다. 특히 그들이 추구한 '인간화된 기술'의 이상은 오늘날 AI 시대에 더욱 중요한 의미를 갖는다.

AI 시대에 전해진
희망의 메시지

미술 공예 운동이 19세기 산업 혁명에 대응한 방식은 오늘날 AI 시대를 살아가는 우리에게 중요한 교훈을 제공한다. 그들이 산업 기술과 인간 창조성 사이의 균형을 모색했던 실험은, 우리가 AI와 인간 사이의 창조적 관계를 설정하는 데 중요한 참고점이 될 수 있다.

첫 번째 교훈은 기술의 '인간화'가 가능하다는 것이다. 미술 공예 운동은 기계를 거부하거나 무조건 수용하는 대신, 그것을 인간의 창조적 목적에 맞게 재구성했다. 오늘날 우리도 AI를 단순히 인간을 대체하는 도구가 아니라, 인간의 창조적 잠재력을 확장하는 협력자로 설계하고 활용할 수 있을 것이다.

두 번째 교훈은 노동의 의미와 가치에 대한 재고이다. 미술 공예 운동은 '만드는 즐거움'의 회복을 추구했다. AI 시대에 많은 일자리가 자동화될 가능성이 있는 상황에서, 우리는 노동의 본질과 가치가 무엇인지 다시 생각해볼 필요가 있다. 인간 노동의 가치는 단순한 생산성에 한정되는 것이 아니라 창조적 표현, 의미 있는 참여, 성취감 등의 의미를 갖는다.

세 번째 교훈은 공동체적 접근의 중요성이다. 미술 공예 운동은 개인 작가의 천재성보다 협력적 작업과 공동체적 학습을 강조했다. AI 시대에도 개인의 고립된 노력보다는, 다양한 배경과 기술을 가진 사람들이 함께 실험하고 학습하는 공동체적 접근이 더 효과적일 수 있다.

네 번째 교훈은 전체적holistic 관점의 필요성이다. 미술 공예 운동은 예술, 기술, 노동, 교육, 사회 구조를 통합적으로 바라보았다. 오늘날 AI의 발전 역시 기술적 측면만이 아니라, 그것이 사회, 문화, 정치, 환경에 미치는 영향을 총체적으로 고려해야 한다.

다섯 번째 교훈은 인간 고유의 가치 재발견이다. 미술 공예 운동은 기계가 할 수 없는 인간의 고유한 능력—창조적 적응, 미적 판단, 맥락적 이해, 윤리적 고려 등—을 강조했다. AI 시대에 우리도 인간만의 고유한 능력과 가치가 무엇인지 재발견하고, 이를 보존하고 발전시키는 방향으로 기술을 활용해야 한다.

결론적으로 미술 공예 운동의 가장 중요한 유산은 기술 발전이 필연적으로 인간 소외로 이어지지 않는다는 희망의 메시지다. 기술과 인간의 관계는 우리가 어떻게 기술을 설계하고 활용하느냐에 따라 달라질 수 있다. 그들이 산업 기술을 인간의 창조성을 확장하는 도구로 전환하려 했듯이, 우리도 AI를 인간의 창조적 자율성을 확장하는 방향으로 발전시킬 수 있을 것이다.

오늘날 AI가 예술 창작, 디자인, 건축 등 다양한 창조적 영역에 도입되면서, 많은 이들이 인간 창조성의 고유한 가치가 위협받고 있다고 우려한다. 그러나 미술 공예 운동의 경험이 보여주듯이 중요한 것은 기술 자체가 아니라 그것이 사용되는 맥락과 방식이다. 우리가 AI를 인간 창조성을 대체하는 도구가 아니라, 그것을 보완하고 확장하는 협력자로 설계하고 활용한다면, '기계 시대에도 손으로 만든 것이 더 아름다운' 이유는 계속해서 발견될 것이다.

4장
AI 시대, 산업 혁명에서 얻는 교훈

미술 공예 운동으로 대표되는 19세기의 기술 인간화 실험은 오늘날 우리에게 여전히 중요한 시사점을 제공한다. 인간과 기계의 관계, 창조성의 가치, 노동의 의미라는 본질적인 질문들은 한 세기가 넘는 시간이 흐른 지금도 여전히 유효하다. 과거 산업 혁명이라는 첫 번째 기술 순환이 우리에게 남긴 것이 무엇인지, 또 향후 다른 기술 순환에 대해서는 어떠한 역사적 함의를 전하고 있는지 살펴보자.

여전히 살아 있는 미술 공예 운동의 유산

미술 공예 운동은 단순한 역사적 에피소드에 그치지 않고,

우리의 현재에도 영향을 미치는 살아있는 전통이다. 이 운동의 유산은 여러 경로를 통해 현대 사회에 계승되고 있으며, 특히 네 가지 주요 흐름에 주목할 필요가 있다.

첫 번째 흐름은 현대 디자인으로 계승된 전통이다. 미술 공예 운동에서 출발한 '용도에 충실한 디자인'이라는 원칙은 20세기 초 독일 바우하우스를 거쳐 현대 디자인의 기본 철학이 되었다. 발터 그로피우스가 이끈 바우하우스는 미술 공예 운동의 장인 정신을 계승하면서도, 이를 산업 생산에 적용할 수 있는 방향으로 발전시켰다. 이후 디터 람스의 브라운 디자인, 조나단 아이브의 애플 디자인으로 이어지는 이 전통은 기술과 예술의 조화, 기능과 미학의 통합이라는 미술 공예 운동의 핵심 원칙을 현대적 맥락에서 실현했다.

두 번째 흐름은 건축과 도시 계획 영역으로의 확장이다. 미술 공예 운동은 단순한 수공예를 넘어, 건축과 도시 공간 전체를 아우르는 통합적 비전을 가지고 있었다. 이러한 접근은 프랭크 로이드 라이트의 유기적 건축, 찰스 렌니 매킨토시의 글래스고우 학파, 에벤저 하워드의 전원 도시 운동, 발터 그로피우스의 바우하우스 운동 등으로 발전했다. 20세기 후반에는 '뉴어바니즘' 운동이 등장하여, 인간 중심적이고 환경 친화적인 도시 설계를 추구했다. 오늘날 '스마트 시티'와 '지속 가능한 도시' 담론에서도 이러한 유산의 흔적을 발견할 수 있다.

세 번째 흐름은 메이커 문화와 DIY 운동의 부활이다. 1960년대부터 시작된 DIY 문화는 현대의 메이커 운동으로 이어졌다. 3D 프린팅, 오픈 소스 하드웨어, 팹랩FabLab 등의 발전은 개인이 직접 생산 수단을 소유하고 창조적 작업에 참여할 수 있는 가능성을 열었다. 메이커 문화는 이처럼 미술 공예 운동이 추구한 '모두를 위한 생산 수단'이라는 이상의 현대적 실현이라 할 수 있다. 특히 디지털 기술과 장인 정신의 결합을 통해 새로운 형태의 창조적 생산 모델이 등장하고 있다.

네 번째 흐름은 디지털 크리에이터 문화의 성장이다. 유튜브, 인스타그램, 트위치 등 디지털 플랫폼을 통해 자신의 창작물을 공유하고 커뮤니티를 형성하는 현대의 크리에이터들은, 미술 공예 운동이 추구한 '모두가 창작자가 되는 사회'라는 이상을 디지털 영역에서 실현하고 있다. 독립 게임 개발자, 디지털 아티스트, 콘텐츠 크리에이터들은 대규모 산업에 종속되지 않고 자신만의 창조적 비전을 실현한다는 점에서, 19세기 장인들의 현대적 후예라 할 수 있다.

특히 주목할 만한 것은 이 네 가지 흐름이 최근 들어 서로 융합되는 경향을 보인다는 점이다. 디자인, 건축, 공예, 디지털 콘텐츠가 크리에이터 타운과 같은 공간에서 만나 새로운 형태의 창조적 생태계를 형성하고 있다. 이 생태계는 미술 공예 운동이 추구했던 예술과 일상, 창조와 생활의 통합이라는 이상이 현대적 맥락에서 새롭게 실현되고 있음을 보여준다.

기술 혁명의 패턴에서 놓치지 말아야 할 것

산업 혁명과 이후에 등장한 기술 혁명들은 몇 가지 공통된 패턴을 보인다. 이러한 패턴을 이해해야 과거의 경험이 이후의 기술 순환에 어떤 통찰을 제공할 수 있는지 알 수 있을 것이다.

첫 번째 공통점은 노동의 근본적 변화다. 산업 혁명이 인간의 물리적 노동을 기계가 대체했다면, 이후의 기술 혁명들은 더 복잡한 형태의 인간 노동을 자동화하고 있다. 산업 혁명 시기 장인들이 자신들의 숙련된 기술이 가치를 잃어가는 것을 목격했듯이, 각 시대마다 특정 직업군들은 기술 발전으로 인한 변화에 직면해왔다.

두 번째 공통점은 생산과 소비의 분리 경향이다. 산업 혁명은 생산자와 소비자를 분명히 구분했고, 대부분의 사람들은 소비자의 역할로 전락했다. 대중 매체와 디지털 기술의 발전도 유사한 패턴을 반복했다. 이는 모든 기술 혁명이 공통적으로 직면하는 도전 중 하나다.

세 번째 공통점은 권력과 부의 집중 현상이다. 산업 혁명은 소수의 공장 소유주에게 엄청난 부와 권력을 가져다주었다. 이후의 기술 혁명들도 유사한 집중 현상을 보였으며, 이는 유사한 사회적 불평등과 권력 불균형을 야기했다.

네 번째 공통점은 소외의 경험이다. 마르크스가 분석한 산업 노동자의 소외는 사실 이후의 기술 혁명들에서도 다양한 형태로 발견된다. 생산 과정에서 느끼는 소외, 자신의 노동 결과에 대한 통제력 상실, 공동체와의 단절은 기술 혁명이 반복적으로 만들어내는 현상이다.

그러나 각 기술 혁명은 구체적인 차이점을 가진다. 첫 번째 차이는, 후속 기술 혁명들이 점차 인간의 더 본질적인 영역을 겨냥하고 있다는 점이다. 산업 혁명이 인간의 육체적 노동을 대상으로 했다면, 이후의 혁명들은 점차 인간의 정신적, 창조적 영역으로 확장되었다.

두 번째 차이는 변화의 속도다. 산업 혁명은 수십 년에 걸쳐 점진적으로 진행되었지만, 이후의 기술 혁명들은 그 속도가 점차 빨라지고 있다. 이러한 가속화 추세는 사회적 적응과 대응을 더욱 어렵게 만든다.

세 번째 차이는 기술의 가시성과 복잡성이다. 산업 기계는 물리적으로 가시적이고 그 작동 원리를 이해하기가 상대적으로 쉬웠다. 반면 이후의 기술들은 점점 더 불투명하고 복잡해지는 경향이 있으며, 이로 인해 기술에 대한 민주적 통제와 책임있는 개발이 더욱 어려워졌다.

기술 혁명의 공통점과 차이점은 각 기술 혁명이 고유한 도전을 제기하면서도 기본적인 패턴을 공유하고 있다는 사실을 보여준다. 따라서 산업 혁명의 경험은 이후 기술 순환을 이해하는 데 중요한 참조점이 될 수 있다.

산업 혁명이 남긴 여섯 가지 교훈

산업 혁명이라는 첫 번째 기술 순환은 우리가 이후의 기술 순환에 적용할 수 있는 몇 가지 교훈을 남겼다. 첫 번째 교훈은 기술 발전이 필연적으로 특정한 사회적 결과로 이어지지는 않는다는 것이다. 산업 혁명 초기에는 기계화가 불가피하게 노동자의 소외와 빈곤으로 이어질 것처럼 보였다. 그러나 노동 운동, 사회 개혁, 공공 정책, 미술 공예 운동과 같은 다양한 사회적 대응을 통해 산업 기술의 혜택은 점차 사회 전체로 확산되어갔다. 아세모글루와 존슨이 『권력과 진보』에서 강조했듯이 기술 발전의 혜택은 자동적으로 분배되지 않으며, 사회적 힘과 정치적 선택에 따라 그 결과가 달라질 수 있다.

두 번째 교훈은 기술과 문화의 상호 작용의 중요성이다. 미술 공예 운동이 보여준 것처럼, 기술 발전에 대한 가장 성공적인 대응은 단순한 기술적 해결책이나 정치적 저항을 넘어 새로운 문화적 실천과 가치의 발전을 수반한다. 문화 운동은 기술의 의미와 목적을 재해석하고, 그것이 인간의 창조성과 자율성을 확장하는 방향으로 발전하도록 유도할 수 있다.

세 번째 교훈은 통합적 접근의 필요성이다. 미술 공예 운동의 성공은 부분적으로 그들이 예술, 노동, 교육, 사회 구조를 통합적으로 바라보았기 때문에 가능했다. 그들은 디자인의 변화만으로는 충분하지 않으며, 생산 방식, 노동 조직, 교육 시스템, 경제 구조의 종합적 변화가 필요하다고 보았다. 이러한 통합적 접근은 복잡한 기술 문제를 다룰 때 여전히 중요한 원칙이다.

네 번째 교훈은 대안적 비전의 중요성이다. 러다이트 운동이 단순한 저항에 그쳤다면, 미술 공예 운동은 산업화된 사회의 대안적 모델을 제시했다. 이는 단순한 반대를 넘어, 구체적이고 실현 가능한 대안을 발전시키는 것의 중요성을 보여준다.

다섯 번째 교훈은 실험의 가치다. 미술 공예 운동은 다양한 실험을 통해 이론을 실천으로 옮겼다. 윌리엄 모리스의 켐스콧 출판사, C.R. 애쉬비의 길드와 학교, 바우하우스 등은 모두 새로운 형태의 생산과 교육을 실험한 사례들이다. 이러한 실험적 접근은 추상적 이론을 넘어 구체적 변화를 만들어내는 데 필수적이다.

여섯 번째 교훈은 우리가 얼마든지 기술 발전의 방향에 영향을 미칠 수 있다는 희망이다. 19세기 미술 공예 운동은 산업 디자인, 건축, 도시 계획 등의 분야에 지대한 영향을 미쳤다. 비록 대량 생산 체제를 완전히 대체하지는 못했지만 그것의 방향과 형태를 변화시키는 데는 분명히 기여했다. 이는 기술 발전이 미리 결정된 경로를 따르는 것이 아니라, 우리의 집단적 선택과 노력에 의해 형성될 수 있음을 보여준다.

기술과 창조성이 공존할 수 있을까

산업 혁명 시기에 기술과 창조성의 관계는 첨예한 논쟁의 대상이었다. 이 논쟁은 이후 기술 순환에서도 반복되는 핵심 주제가 되었다. 미술 공예 운동은 기계가 인간의 창조성을 대체할 수 없다고 주장했지만, 동시에 기계와 인간의 협력적 관계를 모색했다. 윌리엄 모리스는 켐스콧 출판사에서 최신 인쇄 기술을 사용하면서도, 그것을 인간의 미적 판단과 창조적 비전에 종속시켰다. 바우하우스 역시 마찬가지로 기계가 인간의 디자인 의도를 실현하는 도구가 되어야 한다고 보았다.

이러한 접근은 기술과 창조성을 대립적 관계가 아닌 상호 보완적 관계로 보는 시각을 제시했다. 즉 기계의 효율성과 정확성이 인간의 창의적 비전과 윤리적 판단과 결합될 때, 가장 풍요로운 결과를 만들어낼 수 있다는 것이다.

미술 공예 운동이 보여주는 또 다른 중요한 통찰은 창조성의 본질에 관한 것이다. 이들은 창조성이 단순한 결과물의 생산이 아니라 재료와의 대화, 시행착오를 통한 학습, 개인적 의미 부여의 과정이라고 보았다. 창조적 과정의 가치가 최종 결과물만이 아니라, 과정 자체에도 있다는 점을 강조하는 관점이다.

동시에 미술 공예 운동은 기술과 인간 사이의 관계가 고정된 것이 아니라, 우리가 어떻게 기술을 설계하고 활용하느냐에 따라 달라질 수 있음을 보여준다. 기술은 그 자체로 선하거나 악한 것이 아니라 어떻게 사용하느냐가 중요하다는 것이다.

이러한 통찰은 이후 기술 혁명에서 기술과 창조성의 관계를 이해하는 데 중요한 참조점이 된다. 각 시대마다 새로운 기술이 인간의 창조적 역할을 위협할 것이라는 우려가 있었지만, 역사에서는 종종 기술과 인간 창조성의 새로운 상호 작용 방식을 보여주곤 한다.

산업 혁명 시대의
장인 정신과 교육

산업 혁명 시대에 미술 공예 운동이 발전시킨 또 다른 중요한 혁신은 교육 모델이었다. 윌리엄 모리스와 그의 동료들은 창조적 노동을 위한 새로운 형태의 교육을 설계했고, 이후 바우하우스와 같은 혁신적 교육 기관으로 발전했다.

미술 공예 운동은 분리된 이론과 실천, 분절된 학문 영역이라는 기존 교육의 한계를 비판했다. 그 대신에 예술과 기술, 이론과 실습, 개인적 창조와 사회적 책임을 통합하는 교육 모델을 제안했다. 이는 바우하우스의 '워크숍' 중심 교육과 '기초 과정'으로 이어졌고, 오늘날 융합 교육과 STEAM(Science, Technology, Engineering, Arts, Mathematics) 교육의 기초가 되었다.

미술 공예 운동은 또한 '배움과 만듦'의 통합을 강조했다. 이들에게 교육은 추상적 지식의 전달이 아니라, 실제 작업과 경험을 통한 학습 과정이었다. 이러한 '학습자-제작자' 모델은 존 듀이의 '행함으로써 배우기 learning by doing' 철학으로 발전했고, 오늘날 프로젝트 기반 학습, 문제 중심 학습, 메이커 교육 등으로 계승되고 있다.

미술 공예 운동의 또 다른 중요한 교육적 통찰은 '비판적 제작 critical making'의 가치다. 이들은 단순히 기존 방식을 따라 물건을 만드는 것이 아니라, 제작 과정을 통해 사회적, 문화적, 환경적 맥락을 비판적으로 성찰하는 접근을 발전시켰다. 이는 현대의 '비판적 디자인', '사회적 디자인', '스페큘레이티브 디자인' 등으로 이어졌다.

미술 공예 운동은 또한 '개인과 공동체'의 균형을 강조했다. 이들은 개인의 창조적 표현을 중시하면서도, 이것이 공동체적 맥락과 사회적 책임 속에서 이루어져야 한다고 보았다. 이는 오늘날 협력적 학습, 커뮤니티 기반 교육, 사회적 혁신 교육 등으로 발전했다.

마지막으로, 미술 공예 운동은 '평생 학습'의 중요성을 인식했다. 이들에게 교육은 학교라는 제한된 시공간에서 끝나는 것이 아니라, 작업장, 길드, 공동체 등 다양한 공간에서 평생 동안 이어지는 과정이었다. 이러한 통찰은 오늘날 형식 교육과 비형식 교육의 통합, 평생 학습 사회의 비전으로 계승되고 있다.

이러한 교육적 혁신은 각 기술 시대마다 새롭게 재해석되고 적용되었다. 특히 급변하는 기술 환경에서 지속적인 학습과 창조적 적응의 중요성이 커지면서, 미술 공예 운동의 교육적 통찰은 더욱 중요한 의미를 갖게 되었다.

산업 혁명이
우리에게 남기는 질문

산업 혁명이라는 첫 번째 기술 순환의 경험은 인류가 이후에 맞이할 모든 기술 혁명에 대해 몇 가지 근본적인 의문을 제기하고 있다. 당시 인간의 삶과 사고방식을 송두리째 바꾸어놓은 산업 혁명이 남긴 문제의식은 끊임없는 기술 혁명을 맞이하고 있는 오늘날에도 여전히 유효한 의미를 갖는다.

첫째, 새로운 기술은 인간의 창조성과 어떤 관계를 맺어야 하는가? 미술 공예 운동이 모색한 인간과 기계의 협력적 관계는 이후에 등장한 기술 혁명에서도 마찬가지로 적용 가능한 모델일까?

둘째, 기술 발전이 가져오는 혜택을 어떻게 더 공평하게 분배할 수 있을까? 산업 혁명의 초기 단계에서 소수 자본가에게만 집중되었던 부와 권력은 어떻게 점차 더 넓은 사회 계층으로 확산될 수 있었는가?

셋째, 인간 중심적 가치를 보존하면서도 기술의 효율성을 활용할 수 있는 방법은 무엇인가? 미술 공예 운동이 추구한 '아름다움과 유용성의 통합'이라는 이상은 다른 기술 맥락에서도 실현 가능할까?

넷째, 기술 변화 시대에 어떤 교육이 필요한가? 미술 공예 운동과 바우하우스가 발전시킨 통합적, 실천적 교육 모델은 오늘날과 같은 새로운 기술 환경에서도 여전히 유효할까?

다섯째, 기술의 발전 방향을 어떻게 더 민주적으로 결정할 수 있을까? 산업 혁명 시기의 다양한 사회적 대응이 기술 발전의 방향에 미친 영향에서 우리가 배울 수 있는 것은 무엇인가?

이러한 질문들은 두 번째 기술 순환인 대중 사회와 컴퓨터 혁명 시대에서도 새로운 맥락으로 다시 등장하게 된다. 또한 현재 우리가 경험하고 있는 세 번째 순환, 즉 AI와 빅테크의 시대에도 여전히 근본적인 중요성을 갖는다.

산업 혁명의 경험이 주는 가장 중요한 교훈은, 기술 발전의 방향과 결과는 미리 결정된 것이 아니라는 점이다. 기술은 자연의 법칙처럼 필연적인 방향을 따라가는 것이 아니라, 우리의 문화적 대응과 사회적 선택에 따라서 그 궤도가 달라지게 된다. 미술 공예 운동이 산업 기술과 인간의 창조성 사이에서 새로운 관계를 모색했던 것처럼, 우리도 각 시대의 새로운 기술에 대해 창조적이고 인간 중심적인 대응을 발전시켜나가야 한다. 결국은 우리가 기술을 활용하여 어떤 문화와 사회를 만들어가고 싶은지가 가장 핵심적인 질문이라고 할 수 있다.

3부

대중의 시대,
우리는 어떻게 자신을
지켜왔을까

제2순환, 정체성을 위협하는
대중 사회의 등장과 대항문화 운동

대량 생산과 대량 소비, 미디어로 대표되는 대중 사회는 인간의 정체성을 표준화하며 통제한 제2순환의 시작이었다. 대량 생산 체제는 단순한 생산 방식의 변화를 넘어, 인간보다 시스템을 우선시하며 개개인의 성취감과 자율성 등 존재 방식 자체에 대한 근본적 의문을 제기했다. 그러나 사람들은 기술의 도전에 대해 순응하거나 무조건 거부하는 것이 아니라, 여러 사회 운동과 저항을 통해 인간의 의도에 따라 재구성하고자 했다. 당시 대항문화 운동에서는 다양한 주체와 새로운 시도를 바탕으로 주류 기술을 벗어난 대안적인 생활 방식과 공동체 실험을 진행했고, 이를 통해 기술적 도전에 대한 창조적 대응이 가능하다는 사실을 증명했다.

1장
대량 생산 시대, 정체성의 위기

"나는 누구인가?"

이 질문은 인간 존재의 가장 근본적인 물음이지만, 20세기 대량 생산 시대에는 한층 새로운 절박함을 띠게 되었다. 표준화된 제품을 생산하는 표준화된 노동자, 대중 매체가 제시하는 표준화된 라이프스타일을 소비하는 개인은 자신의 고유한 정체성을 어디서 찾을 수 있을까? 대량 생산 체제의 도입은 단순히 생산 방식의 변화가 아니라, 인간의 존재 방식과 자기 인식의 근본적인 변화를 초래했다.

20세기 초반, 헨리 포드Henry Ford가 도입한 조립 라인 생산 방식과 프레데릭 테일러Frederick Taylor의 과학적 관리법은 생산성과 효율성을 극대화했지만, 이는 동시에 노동자의 자율성과 창의성을 심각하게 제한하는 결과를 초래했다. C. 라이트 밀스가 『화이트칼라』에서 지적했듯이, 이러한 변화는 공장 노동자뿐만 아니라 사무직 노동자들에게도 깊은 영향을 미쳤다. 대량 생산 시대는 인간에게 물질적 풍요를 가져다주었지만, 그 대가는 개인적 정체성과 창조적 자아의 위기로 다가왔다.

공장에서
정체성을 잃은 노동자들

포드의 조립 라인 시스템은 복잡한 제조 과정을 단순하고 반복적인 작업들로 분해했다. 각 노동자는 전체 생산 과정 중 극히 일부분만을 담당하게 되었고, 이는 노동자가 자신의 작업에 대해 전체적인 이해와 통제력을 잃게 만들었다. 테일러의 과학적 관리법은 이러한 경향을 더욱 강화하여, 작업자의 모든 동작을 시간과 동작 연구를 통해 표준화했다.

이러한 변화는 노동자의 기술과 전문성을 탈숙련화시키는 결과를 가져왔다. 과거 장인들이 가지고 있던 종합적인 제작 기술과 지식은 더 이상 필요하지 않게 되었고, 대신 단순하고 반복적인 작업만을 수행하는 비숙련 노동자들이 증가했다. 이는 노동자들의 자부심과 직업적 정체성을 약화시키는 주요 원인이 되었다.

작업 현장에서의 이러한 변화는 노동자들의 시간 개념에도 큰 영향을 미쳤다. E.P. 톰슨이 『시간, 노동 규율과 산업 자본주의』에서 분석했듯이, 산업화 이전 노동자들이 가지고 있던 자연적이고 유기적인 시간 감각은 기계적이고 정확한 시간 관리로 대체되었다. 동시에 공장의 시계와 타임 카드는 노동자의 일상을 철저하게 통제하는 도구로 작용했다.

이러한 변화는 노동의 성격을 근본적으로 바꾸어 놓았다. 과거 자연의 리듬과 작업의 필요에 따라 유연하게 조절되는 시간이 기계가 요구하는 정확한 시간표로 대체되었다. 이러한 톰슨의 분석은 시간 개념의 변화가 단순한 일상의 변화가 아닌 인간의 존재 방식 자체의 근본적 변화로 작용했다는 사실을 보여준다.

효율성을 우선시한
기술 낙관론의 실현

20세기 초에 등장한 포드주의와 테일러주의는 과학적 관리와 대량 생산을 통해 산업 생산의 새로운 패러다임을 제시했다. 이들은 기술과 조직적 혁신이 인간의 노동을 효율화하고 생산성을 증가시킬 수 있다는 강한 기술 낙관론을 바탕으로 했다. 로버트 카니겔이 『최선의 방법』에서 분석했듯이, 이는 산업 현장에 과학적 합리성을 도입하려는 시도였다.

헨리 포드의 혁신은 자동차 산업을 넘어 전체 제조업의 패러다임을 바꾸어놓았다. 1913년 도입된 이동식 조립 라인은 생산 시간을 획기적으로 단축했고, 실제로 포드 T 모델의 조립 시간은 12.5시간에서 93분으로 줄어들었다. 이는 대량 생산의 새로운 시대를 열었으며, 포드는 이를 통해 자동차의 대중화를 이끌었다.

또한 프레더릭 테일러의 과학적 관리법은 작업 과정의 체계적 분석과 최적화를 추구했다. 그는 작업자의 동작을 세밀하게 연구하고 표준화함으로써 생산성을 극대화할 수 있다고 믿었다. 『과학적 관리의 원칙』에서 테일러는 이러한 방법이 노동자와 경영자 모두에게 이익이 된다고 주장했다.

"과거에는 '사람'이 첫 번째 고려사항이었으나, 미래에는 '시스템'이 첫 번째가 될 것이다"라는 테일러의 말은 개인의 주관적 판단보다 객관적 과학 원리가 생산을 지배해야 한다는 그의 신념을 보여준다. 테일러주의자들은 과학적 관리가 노동의 질을 향상시킬 것이라 믿었다. 그들은 체계적인 작업 분석을 통해 불필요한 동작을 제거하고, 피로를 줄이며, 작업 환경을 개선할 수 있다고 보았다.

이들의 혁신은 실제로 생산 비용의 획기적인 감소를 실현시켰다. 포드는 자동차 가격을 지속적으로 낮추면서도 노동자의 임금은 오히려 인상했다. 1914년 도입된 하루 5달러 임금제는 당시로서는 파격적인 처우 개선이었으며, 이는 노동자들이 자신들이 생산한 제품을 구매할 수 있는 소비자가 되는 길을 열었다.

포드는 "대중을 위한 자동차를 만들겠다"며 자동차를 부유층의 사치품에서 일반인도 구매할 수 있는 실용적 교통수단으로 전환시키고자 했다. 이는 기술 낙관론의 대표적인 표현이기도 했다. 이러한 대량 생산과 대량 소비의 순환 구조는 20세기 산업 자본주의의 근간이 되었고, 이후 '아메리칸 드림'의 물질적 기초를 형성했다.

기술이 인간을 해방시킨다는
유토피아의 꿈

20세기 초 기술 낙관론은 테크로크라시Technocracy라는 기술 유토피아 운동으로 이어졌다. 테크노트라시는 기술과 과학적 관리 원칙을 통해 사회를 체계적으로 효율화하고자 한 20세기 초의 주요 사회 운동이었다. 이 운동은 정치적 의사 결정이나 시장 메커니즘보다 공학적 방법론과 기술적 전문성이 사회 운영의 핵심이 되어야 한다고 주장했다. 19세기 말부터 20세기 초에 걸쳐 산업화가 급속히 진행됨에 따라, 이러한 기술 중심적 사고는 점차 영향력을 얻게 되었다.

에드워드 벨라미는 1888년 작 『미래에서 온 소식』을 통해 테크노크라시의 초기 비전을 제시했다. 이 소설에서 벨라미는 2000년의 미국을 계획된 경제와 국가가 주도하는 산업을 통해 완벽한 조화와 번영을 이루는 사회로 묘사한다. 그의 유토피아에서는 모든 산업이 국가에 의해 통제되며, 개인 경쟁은 없고 모든 시민이 평등하게 부를 공유한다.

소스타인 베블런은 1921년 『엔지니어와 가격 시스템』에서 테크노크라시의 이론적 체계를 더욱 발전시켰다. 베블런은 경제 시스템이 엔지니어와 기술자의 합리적 관리 하에 놓여야 한다고 주장했다. 그는 기업가나 금융가가 아닌 기술 전문가들이 생산과 분배를 관리할 때 사회가 가장 효율적으로 운영될 수 있다고 믿었다.

해롤드 로브의 1933년 『테크노크라시에서의 삶』은 테크노크라시 사회의 구체적인 청사진을 제시했다. 그는 과학적 계획에 따른 생산과 분배가 어떻게 인간의 삶을 개선할 수 있는지 상세히 설명했다. 특히 기술이 노동을 대체하면 인간은 예술을 중심으로 활동할 것이며, 더 많은 예술가를 수용하기 위해서는 예술 생태계를 지역으로 분산해야 한다고 주장했다.

1930년대 초, 테크노크라시 운동은 해롤드 스캇의 주도하에 구체적인 사회 운동으로 발전했다. 컬럼비아 대학의 지원을 받은 스캇은 '테크노크라시 주식회사Technocracy Inc.'를 설립하고 전국적인 조직화를 시도했다. 특히 대공황이라는 위기 상황에서 그의 주장은 상당한 대중적 관심을 받았다.

이러한 테크노크라시적 사고는 점차 사회 전반에 영향을 미쳤다. 다니엘 벨이 "후기 산업 사회의 도래"에서 지적했듯이, 포드주의와 테일러주의는 단순한 생산 방식의 변화를 넘어 사회 전반의 조직 원리로 발전했다. 학교, 병원, 정부 기관 등 다양한 조직이 이들의 원리를 도입했다.

특히 주목할 만한 것은 포드주의가 대량 생산-대량 소비의 선순환 구조를 창출했다는 점이다. 생산성 향상으로 인한 비용 절감은 가격 인하로 이어졌고, 이는 다시 수요 증가를 가져왔다. 높은 임금을 받게 된 노동자들은 중산층으로 성장했으며, 이는 20세기 미국의 번영을 이끈 핵심 동력이 되었다.

대중 사회와
개인 정체성의 위기

기술이 사회를 발전시킨다는 낙관적 전망에도 불구하고, 조지 리처가 『맥도날드화된 사회』에서 분석했듯이 이러한 시스템은 심각한 부작용을 낳았다. 작업의 표준화와 단순화는 노동의 의미를 퇴색시켰고, 노동자들은 거대한 생산 시스템의 부품처럼 취급되었다.

데이비드 리스먼은 『고독한 군중』에서 이러한 현상이 사회 전반의 성격 구조를 변화시켰다고 분석했다. 대중 매체와 소비문화의 발달로 인해 현대인들은 점차 '타인 지향적' 성격을 갖게 되었고, 이는 개인의 자율성을 약화시키는 결과를 가져왔다. 현대인은 자신의 내면적 가치보다 주변 사람들의 기대와 사회적 신호에 더 민감하게 반응한다는 그의 관찰은 대중 사회에서 개인 정체성이 외부적 요인에 더 의존하게 되는 현상을 포착했다.

윌리엄 화이트의 『조직 인간』은 대기업 조직의 동조성 요구가 개인의 창의성과 자율성을 억압한다고 지적했다. 이러한 조직 문화는 개인의 독창적 사고와 혁신적 시도를 제한하고, 대신 조직의 규범과 가치에 순응하는 행동을 강요했다. 겉으로는 합리적이고 민주적인 조직 운영이 실제로는 개인의 자율성을 심각하게 침해할 수 있다는 것이다.

또 미셸 푸코는 『감시와 처벌』에서 이러한 관리 체계가 새로운 형태의 규율 권력을 만들어냈다고 분석했다. 시간과 동작에 대한 엄격한 통제, 지속적인 감시와 기록은 노동자의 신체와 정신을 규율화하는 메커니즘으로 작용했다. 푸코의 분석은 테일러주의적 관리 방식이 단순한 효율성 증진이 아닌, 개인에 대한 새로운 형태의 통제와 규율을 의미함을 보여준다.

학자들은 이러한 변화를 '문화적 형질 변화'로 해석했다. 이는 단순히 노동 방식의 변화가 아니라, 인간의 사고방식과 행동 양식 전반에 걸친 근본적인 변화를 의미했다. 노동자들은 자신의 노동을 통해 느끼던 성취감과 자부심을 잃어갔고, 이는 그들의 정신건강에도 부정적인 영향을 미쳤다.

허버트 마르쿠제의 『일차원적 인간』은 이러한 현상을 더욱 심층적으로 분석했다. 현대 산업 사회가 물질적 풍요를 제공하는 대신, 개인의 비판적 사고와 창조적 잠재력을 억압한다는 것이다. 마르쿠제에 따르면, 대중 소비 사회는 '거짓 욕구'를 창출함으로써 개인을 시스템에 통합시키고, 이에 대한 근본적 저항을 무력화시킨다.

마르쿠제의 기술 사회는 억압을 더욱 합리적으로, 더욱 효율적으로, 더욱 보편적으로 만든다는 주장은 현대 사회에서 기술이 어떻게 개인의 자유를 제한하는지를 예리하게 포착했다. 이러한 관점은 이후 대항문화 운동의 이론적 기초가 되었다.

컨베이어 벨트에서
벗어나려는 사람들

대량 생산 체제가 가져온 개인성의 위기는 여러 사회 운동과 저항의 형태로 표출되었다. 노동조합은 노동자의 권리와 자율성을 보호하기 위해 투쟁했고, 예술가들은 기계화된 생산 방식에 대한 비판을 예술 작품을 통해 표현했다. 찰리 채플린의 영화 "모던 타임스"는 이러한 비판의 대표적인 예시였다.

채플린의 "모던 타임스"에서 주인공이 컨베이어 벨트의 속도에 쫓기다 결국 기계 속으로 빨려 들어가는 장면은 산업 사회에서 인간이 기계의 부속품으로 전락하는 상황을 상징적으로 보여준다. 이 영화는 대중에게 커다란 반향을 일으키며, 기계화된 노동의 비인간성에 대한 인식을 확산시켰다.

문학 영역에서도 이러한 비판이 활발했다. 올더스 헉슬리의 『멋진 신세계』는 기술적으로 완벽하게 통제된 사회에서 개인성이 완전히 소멸된 디스토피아를 그렸다. 조지 오웰의 『1984』는 기술을 이용한 감시와 통제가 어떻게 인간의 자유와 존엄성을 파괴하는지를 강력하게 비판했다.

이러한 문화적 비판은 학문적 영역으로 확장되었다. 호르크하이머와 아도르노의 『계몽의 변증법』은 기술적 합리성이 어떻게 새로운 형태의 신화와 억압으로 변질되는지를 분석했다. 이들은 계몽이 추구한 자연 지배가 결국 인간 자신에 대한 지배로 이어진다고 경고했다.

이러한 개인성의 위기와 문화적 저항은 이후 등장하는 대항문화 운동의 중요한 배경이 되었다. 대항문화는 기술과 효율성 중심의 산업 문명에 대한 비판을 바탕으로 인간 중심적인 기술 사용과 노동 방식을 모색하는 방향으로 발전했으며, 이후 단순한 저항을 넘어 새로운 문화적 대안을 제시하는 움직임으로 확장되었다.

바우만은 『액체 근대』에서 19세기와 20세기의 대량 생산 시스템은 인간을 '생산자'로 정의했다면, 20세기 후반부터는 인간을 '소비자'로 재정의했다고 분석했다. 이러한 정체성의 이동은 인간의 자기인식과 가치관에 근본적인 변화를 가져왔고, 이는 현대 사회의 정체성 위기를 심화시켰다.

이처럼 대량 생산 체제와 대중 사회의 등장은 단순한 경제적, 기술적 변화를 넘어 인간의 정체성과 존재 방식 자체에 근본적인 도전을 제기했다. 이러한 도전에 어떻게 응답할 것인가의 문제는 20세기 중반 이후 다양한 형태의 문화적 실험과 저항으로 이어지게 된다. "나는 누구인가?"라는 질문은 대량 생산 시대의 핵심적 화두가 되었고, 이에 대한 다양한 응답이 대항문화 운동의 형태로 전개되었다.

── 2장 ──
기술 권력에 맞선 저항의 기록

인간은 기술을 창조하지만, 역설적으로 기술은 다시 인간을 지배한다. 20세기 중반에 이르러 이 역설은 더욱 첨예한 문제로 등장했다. 대중 사회와 관료제의 발달, 전자 미디어의 확산, 그리고 핵무기와 같은 파괴적 기술의 등장은 기술이 인간의 통제를 벗어나고 있다는 위기감을 불러일으켰다. 이러한 상황에서 지식인들은 기술 문명에 대한 근본적인 비판을 제기했고, 반기술, 탈기술 유형의 다양한 저항 운동이 등장했다. 과연 기술이 우리를 지배할 때, 저항은 가능한가? 프랑크푸르트 학파의 이론적 비판과 1960년대에 등장한 대항문화 운동을 중심으로 이 질문을 탐색해보자.

기술은 과연
인간을 자유롭게 했을까

프랑크푸르트 학파는 20세기 초에 설립된 사회 연구소를 중심으로 형성된 비판 이론의 전통이다. 막스 호르크하이머와 테오도르 아도르노를 주축으로, 이들은 현대 사회에서 기술의 역할과 그 영향에 대한 깊이 있는 분석을 시도했다. 특히 계몽주의 이후 발전한 도구적 이성이 어떻게 인간을 소외시키고 억압하는지에 주목했다.

호르크하이머와 아도르노는 1947년 공저 『계몽의 변증법』에서 현대 기술 문명에 대한 근본적 비판을 전개했다. 이들은 자연을 지배하려는 인간의 욕망이 결국 인간 자신을 지배하는 결과를 낳았다고 분석했다. 기술은 더 이상 인간 해방의 도구가 아닌, 새로운 형태의 신화가 되어 인간을 구속한다는 것이다.

호르크하이머와 아도르노는 계몽이 신화에서 벗어나려 했지만 결국 신화로 되돌아가며, 자연에 대한 지배를 추구하는 과정에서 인간을 새로운 종류의 야만 상태로 몰아넣었다고 분석했다. 이러한 호르크하이머와 아도르노의 분석은 기술 발전의 역설을 예리하게 포착했다.

아도르노는 특히 대중문화와 문화 산업에 대한 비판적 분석으로 유명하다. 그는 기술의 발달로 인해 예술이 대량 생산되는 상품으로 전락했다고 보았다. 더불어 표준화된 문화 상품의 생산은 인간의 창조적 능력을 억압하고, 비판적 의식을 마비시키는 효과를 낳는다고 지적했다.

아도르노는 문화 산업이 표준화된 상품에 자유로운 선택의 외관을 부여하는 '의사 개성화'를 통해 소비자들을 기만한다고 분석했다. 이러한 가짜 개성화는 진정한 개성의 상실을 은폐한다. 그는 이처럼 현대 대중문화가 실제로는 개인의 자율성을 파괴하는 메커니즘으로 작동한다고 비판했다.

헤르베르트 마르쿠제는 『일차원적 인간』에서 현대 기술 사회가 어떻게 인간의 비판 의식을 무력화시키는지 분석했다. 그는 기술이 만들어내는 물질적 풍요가 '거짓 욕구'를 창출하고, 이를 통해 기존 체제에 대한 저항을 무력화한다고 주장했다. 기술은 새로운 형태의 전체주의적 지배를 가능하게 하는 도구가 되었다는 것이다.

마르쿠제는 고도 산업 사회의 특징은 기술적 합리성이 정치적 합리성으로 전환되는 것이라고 지적했다. 이는 기술이 단순한 도구를 넘어 사회 통제의 정치적 수단으로 변질되었음을 의미한다. 그에 따르면, 현대 사회의 "쾌적한 비자유comfortable unfreedom"는 전통적인 억압보다 더 교묘하고 효과적인 지배 형태이다.

발터 벤야민은 다른 프랑크푸르트 학파 학자들과 달리, 기술의 해방적 잠재력에 주목했다. 『기술복제시대의 예술작품』에서 그는 사진과 영화 같은 새로운 기술 매체가 예술의 민주화를 가능하게 할 수 있다고 보았다. 하지만 동시에 이러한 기술이 파시즘적 목적으로 악용될 수 있다는 경계도 잊지 않았다.

벤야민은 기계적 복제가 예술 작품의 아우라를 파괴하지만, 동시에 예술을 의례적 전통에서 해방시켜 대중화하고 정치화하는 새로운 가능성을 연다고 분석했다. 이처럼 그는 기술이 가진 양면성을 인식하면서도, 그것의 해방적 잠재력을 포기하지 않았다.

프랑크푸르트 학파는 기술이 인간의 감성과 경험을 어떻게 변화시키는지에도 관심을 가졌다. 그들은 기술적 합리성이 지배하는 사회에서 인간의 감성이 점차 메마르고 획일화되어 간다고 우려했다. 특히 아도르노는 현대 음악에 대한 분석을 통해 이러한 현상을 구체적으로 보여주었다.

이들의 기술 비판은 단순한 기술 거부나 반문명적 태도와는 구별된다. 오히려 그들은 기술이 어떻게 사회적 관계를 매개하고, 인간의 의식을 형성하는지를 비판적으로 분석하고자 했다. 이는 기술의 본질에 대한 철학적 성찰이자, 현대 사회의 모순을 드러내는 작업이었다.

프랑크푸르트 학파의 비판 이론은 1960년대 학생 운동과 대항문화 운동에 큰 영향을 미쳤다. 마르쿠제의 저작들은 특히 젊은 세대들에게 현대 사회의 모순을 인식하고 저항할 수 있는 이론적 토대를 제공했다. 그들의 기술 비판은 단순한 이론에 그치지 않고 실천적 운동의 기반이 되었다.

기술의 지배에 대한
실천적 저항의 시작

1960년대에 등장한 대항문화 운동은 산업 사회의 획일적이고 파괴적인 생활 방식에 대한 근본적인 저항을 표현했다. 이들은 단순히 기존 사회 체제를 비판하는 데 그치지 않고, 대안적인 삶의 방식과 공동체 구성 방식을 적극적으로 모색했다.

대항문화는 20세기 대중 사회와 그 기술적 토대에 대한 근본적인 저항으로 시작되었다. 자크 엘룰의 『기술 사회』와 시어도어 로작의 『대항문화의 형성』은 이러한 저항의 이론적 기반을 제공했다. 이들은 기술이 인간의 자유와 자율성을 어떻게 제한하는지를 분석하며, 대안적 문화의 필요성을 제기했다.

대항문화의 뿌리는 19세기 보헤미안 운동으로 거슬러

올라간다. 이는 부르주아 문화에 대한 예술가들의 저항으로 시작되어, 점차 기존 사회 질서와 가치관에 대한 전반적인 도전으로 발전했다. 이러한 저항의 전통은 1940년대의 힙스터 문화를 거쳐 1950년대의 비트 세대로 이어졌다.

1940년대 힙스터 문화는 재즈 음악을 중심으로 형성되었다. 이들은 중산층의 획일적인 생활 양식과 인종 차별에 저항하며, 자유로운 영적 탐구와 인종적 화합을 추구했다. 힙스터들은 기성 사회의 물질주의와 기계적 사고방식에 대한 대안으로써 즉흥성과 자발성을 강조했다.

1950년대의 비트 세대는 잭 케루악, 앨런 긴즈버그와 같은 작가들을 중심으로 형성되었다. 이들은 산업 사회의 획일성과 물질주의를 거부하고, 개인의 영적 자유와 창조적 표현을 추구했다. 『길 위에서』와 『하울』과 같은 작품들은 기존 사회 질서에 대한 강력한 비판을 담고 있었다.

케루악의 『길 위에서』에 묘사된 여행은 단순한 이동이 아니라 산업 사회의 규율과 관료제적 통제에서 벗어나는 상징적 행위였다. 이는 목적 없는 방랑이야말로 가장 순수한 형태의 자유라는 비트 세대의 신념을 반영한다.

1960년대의 히피 운동은 이전의 대항문화 전통을 계승하면서도 보다 광범위한 사회 변화를 추구했다. 이들은 베트남 전쟁 반대, 시민권 운동, 환경 보호 등 다양한 사회 운동과 연대했다. 특히 우드스톡 페스티벌은 히피 문화의 상징적 사건이 되었으며, 대안적 생활 양식의 가능성을 보여주었다.

히피 운동은 단순한 저항을 넘어 구체적인 대안적 생활 양식을 발전시켰다. 공동체 생활, 유기농업, 대안 교육, 자연 치유 등 다양한 실험이 이루어졌다. 스튜어트 브랜드Stewart Brand의 '전 지구 카탈로그'는 여기에 필요한 농기구부터 의류, 책, 교육 자료까지 각종 도구와 아이디어를 소개하며 대안적 생활을 위한 실천적 지침서 역할을 했다.

대항문화는 기술에 대해서도 새로운 접근을 시도했다. 이들은 대규모 산업 기술을 거부하면서도, 인간적이고 생태적인 기술의 가능성을 모색했다. 이는 이후 적정 기술 운동, 생태마을 운동 등으로 발전했으며, 현대의 지속 가능한 기술 발전에도 영향을 미쳤다.

대항문화 운동은 예술과 문화 영역에서도 혁신적인 실험을 전개했다. 사이키델릭 음악, 실험 영화, 퍼포먼스 아트 등 새로운 예술 형식이 등장했다. 이러한 예술적 실험은 감각의 확장과 의식의 변화를 추구하며, 기존의 예술 관습을 파괴했다.

특히 록 음악은 대항문화의 강력한 표현 수단이 되었다. 밥 딜런, 지미 헨드릭스, 제퍼슨 에어플레인 같은 뮤지션들은 단순한 오락을 넘어서는 사회적, 정치적 메시지를 담은 음악을 창작했다. 록 페스티벌은 공동체적 연대와 대안적 의식의 표현으로서 중요한 의미를 가졌다.

대항문화의 영향은 1970년대 이후에도 다양한 형태로 지속되었다. 환경 운동, 여성 운동, 평화 운동 등 새로운 사회 운동의 발전에 영향을 미쳤으며, 대안적 생활 양식과 가치관은 현대 사회의 중요한 부분이 되었다.

기술을 선택하는
지혜를 배우다

아미쉬 공동체*는 현대 기술 문명에 대한 독특한 대응을 보여주는 사례다. 도널드 크레이빌이 『아미쉬 문화의 수수께끼』에서 분석했듯이, 이들은 기술을 전면 거부하는 대신 신중하게 선택하고 수용하는 접근법을 발전시켰다. 이러한 '기술 선택technological choice'의 원칙은 현대 사회에 중요한 시사점을 제공한다.

---

* 1693년 유럽의 종교 박해를 피해 미국으로 이주한 사람들이 현대 문명을 거부하고 자신들의 전통적인 삶의 방식을 고수하고자 형성한 종교·문화 공동체다.

아미쉬의 기술 선택 과정은 철저히 공동체의 가치를 중심으로 이루어진다. 새로운 기술이 등장할 때마다 그들은 해당 기술이 공동체의 유대와 신앙생활에 어떤 영향을 미칠지 신중하게 검토한다. 예를 들어 자동차는 거부하면서도 농기계용 디젤 엔진은 수용하는데, 이는 각 기술이 공동체성에 미치는 영향을 고려한 선택이다.

특히 주목할 만한 점은 아미쉬가 기술을 평가할 때 적용하는 기준이다. 그들은 기술이 가족 관계와 이웃 간의 유대를 강화하는지, 아니면 약화시키는지를 중요하게 고려한다. 자동차를 거부하는 이유도 이것이 구성원들의 이동성을 높여 공동체의 결속을 약화시킬 수 있다고 판단했기 때문이다.

아미쉬는 노동의 의미와 가치에도 큰 관심을 기울인다. 그들은 노동이 단순한 생산 활동이 아니라 공동체적 유대를 강화하고 개인의 성장을 돕는 중요한 활동이라고 본다. 따라서 노동을 지나치게 자동화하거나 개인화하는 기술은 거부하는 경향이 있다. 대신 여러 사람이 함께 일할 수 있는 방식을 선호한다.

켈리가 『기술이 원하는 것』에서 지적했듯이, 아미쉬의 기술 수용 방식은 "느린 채택자들의 지혜"를 보여준다. 그들은 새로운 기술의 즉각적인 편익보다는 장기적인 영향을 중요시한다. 이는 기술의 발전 속도가 점점 빨라지는 현대 사회에 중요한 시사점을 제공한다.

아미쉬의 기술 선택 과정에서 또 다른 중요한 기준은 의존성이다. 그들은 외부 세계에 대한 지나친 의존을 경계하며, 가능한 한 공동체의 자립성을 유지하고자 한다. 예를 들어 전력망 연결을 거부하는 대신 태양광 발전과 같은 독립적인 에너지 시스템을 선호하는 식이다.

아미쉬의 경험은 다른 대안적 기술 운동들과 중요한 차이를 보인다. 러다이트처럼 기술을 전면 거부하거나, 낭만주의자들처럼 대안적 영역을 찾는 대신, 이들은 기술을 선택적으로 수용하고 변형하는 제3의 길을 보여주었다. 현대의 기술 인간화 논의에도 중요한 시사점을 주는 사례다.

아미쉬의 접근은 기술 발전의 방향성에 대해서도 의미 있는 질문을 제기한다. 그들은 모든 기술 혁신이 반드시 '진보'를 의미하지는 않으며, 때로는 '적절한 수준'의 기술을 유지하는 것이 더 바람직할 수 있다는 점을 보여준다. 이는 기술의 '적정성'에 대한 근본적인 성찰을 요구한다.

오늘날에도 아미쉬의 사례는 특별한 의미가 있다. 기술 발전 속도가 점점 빨라지고 영향력이 증대되는 상황에서, 그들이 보여준 신중하고 선택적인 기술 수용의 태도는 우리에게 중요한 참고가 된다. 기술의 무비판적 수용이나 전면적 거부가 아닌, 제3의 길의 가능성을 제시한다.

인류를 무너뜨릴 수도 있는
기술의 위험성

20세기는 기술 진보의 혜택과 함께 그 부작용에 대한 인식이 높아진 시기였다. 1900년부터 1980년까지의 기간 동안 기술 규제는 특히 환경 보호와 핵무기의 위험 관리라는 두 핵심 영역에서 본격적으로 발전했다. 기술의 규제와 통제는 산업화의 진전과 핵무기의 등장이 가져온 전례 없는 위험에 대한 사회의 견기술적 대응이었다.

1960년대에 들어서면서 환경 문제에 대한 인식은 새로운 전기를 맞았다. 레이첼 카슨의 『침묵의 봄』은 화학물질, 특히 DDT와 같은 살충제가 생태계와 인간 건강에 미치는 영향을 폭로하며 현대적 환경 보호 운동의 시작을 알렸다. 더불어 과학 기술의 무분별한 사용이 초래할 수 있는 재앙적 결과를 경고했다. 또한 '자연의 지배'는 오만하게 착상된 문구이며, 인간이 자연을 정복할 수 있다는 생각이 결국 인간 자신에게 재앙을 가져올 수 있다고 주장했다. 이는 기술을 통한 자연 지배라는 근대적 프로젝트에 대한 근본적인 의문을 제기하고 있다.

환경 인식의 변화는 1970년대 들어 구체적인 제도적 대응으로 이어졌다. 1970년 미국 환경보호청EPA의 설립은 환경 정책의 새로운 시대를 열었다. EPA는 대기 오염 방지법, 수

질 오염 방지법 등 주요 환경 규제 법안을 시행하며, 기술 발전이 환경에 미치는 영향을 체계적으로 관리하기 시작했다.

또 배리 커머너의 『닫혀가는 원』은 기술 발전이 초래한 환경 문제의 본질을 분석했다. 그는 현대 기술이 자연의 순환 체계를 교란시키고 있으며, 결국 인간 사회의 지속 가능성을 위협할 것이라고 경고했다. 이러한 인식은 이후 환경 규제의 이론적 기반이 되었다.

핵무기 규제는 1945년 히로시마와 나가사키 원폭 투하 이후 무엇보다 시급한 과제로 대두되었다. 핵무기의 파괴력은 기존의 어떤 무기와도 비교할 수 없는 것이었고, 인류 전체의 생존을 위협하는 새로운 차원의 위험이었다. 과학자들은 핵무기 통제의 필요성을 강력히 주장하기 시작했다.

1963년 체결된 부분적 핵실험 금지 조약PTBT은 대기권, 외기권, 수중에서의 핵실험을 금지하는 내용을 담고 있다. 이는 핵무기 개발을 제한하고 방사능 오염을 줄이기 위한 첫 번째 주요 국제 협약이었다. 1970년의 핵확산 금지 조약NPT은 더 나아가 핵무기의 확산을 막고 평화적 핵에너지 사용을 보장하는 체계를 마련했다.

환경과 핵무기에 대한 규제는 점차 국제적 차원의 협력으로 발전했다. 1972년 스톡홀름 유엔인간환경회의는 환경 문제에 대한 국제적 협력의 시발점이 되었다. 이를 통해 환경 보호가 개별 국가의 문제를 넘어 인류 공통의 과제라는 인식이 확산되었다.

이러한 규제 움직임은 기술 발전의 방향성에 대한 근본적인 재고를 촉구했다. 무제한적 성장과 발전이 아닌, 환경과 인간의 안전을 고려한 지속 가능한 기술 발전의 필요성이 제기된 것이다. 이는 현대 사회의 기술 규제와 환경 정책의 기본 방향을 설정하는 데 큰 영향을 미쳤다.

기술이 우리를
지배하려 할 때

프랑크푸르트 학파의 철학적 비판, 대항문화 운동의 실천적 저항, 아미쉬 공동체의 신중한 기술 선택, 그리고 환경 운동과 핵무기 규제를 통한 제도적 대응은 모두 같은 질문에 대한 다양한 답변이었다. 기술이 우리를 지배할 때, 저항은 가능한가?

프랑크푸르트 학파의 관점에서 보면, 기술 지배에 대한 저항은 쉽지 않다. 마르쿠제의 분석처럼, 현대 기술 사회는 억압적 성격을 은폐하고 '거짓 욕구'를 창출함으로써 저항의 가능성 자체를 무력화시킨다. 그러나 동시에 이들은 비판적 의식의 유지와 발전이 중요하다고 강조했다. 벤야민의 경우처럼, 기술 자체가 가진 해방적 잠재력을 재발견하는 것도 하나의 저항 방식이 될 수 있다.

대항문화 운동은 더 적극적인 저항의 가능성을 보여주었다. 이들은 기존 사회의 가치와 규범을 거부하고, 대안적인 생활 방식과 공동체를 실험했다. 히피 운동, 코뮌 실험, 대안적 교육 모델 등은 기술 지배에 대한 창조적 저항의 형태였다. 이러한 실험들은 많은 한계에도 불구하고, 인간의 자율성과 창조성을 복원하기 위한 중요한 시도가 되었다.

아미쉬 공동체의 사례는 또 다른 형태의 저항을 보여준다. 이들은 기술을 전면적으로 거부하지 않으면서도, 자신들의 가치와 생활 방식을 보존할 수 있는 방식으로 기술을 선택적으로 수용했다. 이러한 접근은 기술 지배에 대한 '적응적 저항'의 한 형태로 볼 수 있다.

환경 운동과 핵무기 규제는 제도적 차원의 저항을 대표한다. 이는 기술의 무분별한 발전이 초래할 수 있는 재앙적 결과를 인식하고, 사회적 합의와 국제적 협력을 통해 기술을 통제하려는 노력이다. 이러한 제도적 접근은 기술 지배에 대한 '민주적 저항'의 가능성을 보여준다.

그렇다면 결론적으로, 기술이 우리를 지배할 때 저항은 가능한 걸까? 이에 대한 답변은 '예'와 '아니오' 사이의 어딘가에 있다. 완전한 저항과 해방은 어렵지만, 다양한 형태의 부분적이고 창조적인 저항은 가능하다. 중요한 것은 기술 지배의 현실을 인식하고, 그 안에서도 인간의 자율성과 창조성을 지키기 위해 지속적으로 노력해야 한다는 점이다.

1960년대와 70년대의 다양한 저항 운동들은 이후 디지털 기술의 발전과 함께 새로운 방향으로 진화했다. 대항문화 운동이 점차 기술 자체를 창조적으로 활용하는 방향으로 발전한 것이다. 이는 이후 실리콘밸리의 혁신 문화와 디지털 유토피아의 탄생으로 이어진다. 저항의 형태는 변화했지만, 핵심 질문은 여전히 유효하다. 기술이 우리를 지배하는 세상에서, 우리는 어떻게 인간의 자율성과 창조성을 지켜낼 수 있을까?

프랑크푸르트 학파가 제기한 기술 이성에 대한 비판, 대항문화 운동이 추구한 대안적 생활 방식, 아미쉬가 보여준 선택적 기술 수용의 지혜, 그리고 환경 운동과 핵무기 규제를 통한 제도적 접근은 모두 AI 시대에 우리가 참고할 수 있는 중요한 전례들이다. 이들의 성공과 한계를 이해함으로써, 우리는 AI 시대에 더 효과적인 저항과 대응의 방식을 모색할 수 있을 것이다.

3장
기술은 재앙인가, 희망인가?

기술은 인류에게 양날의 검과 같다. 한편으로는 전례 없는 풍요와 편리함을 가져다주었지만, 다른 한편으로는 환경 파괴, 핵전쟁의 위협, 인간 소외와 같은 심각한 문제들을 야기했다. 이러한 양면성은 기술을 바라보는 사회적 인식에도 반영되었다. "기술은 재앙인가, 희망인가?"라는 질문은 단순한 이분법적 대답을 허용하지 않는다. 기술에 대한 다양한 관점, 특히 탈기술 운동과 대안적 기술 모델, 그리고 기술 규제의 철학적 기준을 통해 우리의 정답을 찾아가야 한다.

기술 없는 삶 속의
인간성 회복

탈기술 운동은 기술의 영향에서 벗어난 영역을 찾아 그곳에서 인간다운 삶을 추구하는 것으로, 19세기 낭만주의자들이나 보헤미안들이 대표적이다. 이들은 자연과 예술을 통해 인간성을 회복하고자 했고, 때로는 대안적 공동체를 건설하기도 했다. 이러한 전통은 현대의 디지털 디톡스, 아날로그 문화 회귀 움직임, 생태주의나 슬로우 라이프 운동으로 이어진다.

1960년대와 1970년대를 거치며 탈기술 운동은 히피 문화와 깊이 연관되었다. 히피 운동은 1960년대 산업 사회의 기계적이고 비인간적인 삶에 대한 근본적인 저항으로 시작되었다. 그들은 도시의 상업주의와 기술 중심 문명을 거부하고, 자연과의 조화, 공동체적 삶, 영적 각성을 추구했다. 우드스톡 페스티벌은 이러한 삶의 방식을 상징하는 대표적인 사건으로, 평화, 사랑, 자유로운 공동체 생활에 대한 그들의 이상을 보여주었다.

우드스톡은 단순한 음악 페스티벌이 아니었다. 그것은 다른 세계가 가능하다는 것을 보여주는 일시적 자율 구역이었다. 이러한 대항문화적 실험은 우드스톡과 같은 이벤트가 탈기술적 대안 사회의 가능성을 일시적으로 구현했음을 보여준다.

히피들은 구체적으로 농업 공동체, 코뮌commune을 통해 탈기술적 생활 방식을 실천했다. 캘리포니아의 드롭 시티, 버몬트의 트윈 오크스 공동체 등에서 그들은 유기농업, 수공예, 자급자족 생활을 통해 산업 사회의 대량 생산 시스템에 대안을 제시했다. 이러한 공동체들은 기술에 대한 의존을 최소화하고, 인간과 자연의 직접적인 관계를 회복하고자 했다.

1960년대 의도적 공동체들은 거대 기계에서 벗어나 인간 규모의 생활을 추구했다. 이는 탈기술 운동이 단순히 기술을 거부하는 데 그치는 것이 아니라 인간성의 척도를 회복하려는 시도임을 보여준다.

나아가 히피 운동은 동양의 명상, 요가, 불교 등의 영적 전통을 서구에 소개하며 물질주의와 기술 만능주의에 대항하는 정신적 대안을 모색했다. 그들은 기술의 발전이 아니라 내면의 성장, 개인의 의식 확장, 자연과의 조화를 진정한 진보로 보았고, 오늘날의 대안적 생활 방식과 생태주의 운동에 중요한 사상적 토대를 제공했다.

환경 운동은 이러한 대안적 접근의 대표적인 사례다. 레이첼 카슨의 『침묵의 봄』은 생태계 파괴와 환경 오염에 대한 경각심을 일으켰고, 이는 1970년대 환경 보호 운동의 중요한 이론적 기반이 되었다. 생태마을 운동은 자연과 조화를 이루는 지속 가능한 공동체 모델을 실험했다. 오레곤의 코이노니아, 캘리포니아의 링크 공동체 등은 자급자족적이고 환경 친화적인 생활 방식을 추구했다.

이러한 운동들은 공동체주의를 통해 개인주의와 물질만능주의에 대항했다. 도시의 비인간적인 삶에서 벗어나 상호 협력과 자연과의 공존을 강조하는 공동체들이 다양한 형태로 실험되었다. 이들은 단순한 대안적 생활 방식을 넘어, 새로운 사회 조직의 가능성을 모색했다.

인간의 척도에 맞추는 적정 기술의 해법

엘른스트 슈마허Ernst Schumacher의 적정 기술 개념은 대안적 접근의 이론적 정점을 형성했다. 『작은 것이 아름답다』에서 슈마허는 거대 산업 기술이 아닌, 인간의 척도에 맞는 기술을 추구해야 한다고 주장했다. 그의 적정 기술은 지역의 자원과 노동력을 활용하고, 현지에서 유지보수가 가능하며, 환경에 미치는 영향을 최소화하는 특징을 가진다.

슈마허는 "현대 기술은 사람들이 스스로를 기계에 맞추도록 강요하지만, 적정 기술은 기계가 사람에게 맞춰진다"

고 설명했다. 이는 기술의 목적과 방향을 근본적으로 재정의하는 관점이다.

슈마허의 『불교 경제학』은 기술과 경제에 대한 더 깊은 철학적 관점을 제시했다. 서구의 무한 성장 모델 대신, 절제와 균형을 중시하는 동양적 지혜를 강조하는 것이다. 이는 기술 발전의 목표가 단순한 물질적 풍요가 아닌, 인간의 내적 충족감과 조화로운 관계에 있어야 한다는 주장이기도 하다.

적정 기술 운동은 개발도상국의 발전 모델을 넘어 선진국의 지속 가능한 발전을 위한 대안으로도 제시되었다. 태양열 조리기, 자전거 동력 펌프, 개량형 아궁이 등 지역 조건에 맞는 기술들이 개발되었고, 이는 기술이 단순한 효율성을 넘어 인간과 환경을 고려해야 한다는 철학을 반영했다.

적정 기술 운동은 1970년대 전 세계로 확산되었다. 이와 함께 영국의 중간기술개발그룹ITDG, 미국의 뉴알케미연구소, 인도의 간디안기술개발센터 등 새롭게 설립된 적정 기술 지원 기관들은 지역에 적합한 기술 개발과 보급을 통해 지속 가능한 발전을 도모했다.

특히 주목할 만한 것은 적정 기술 운동이 단순한 기술 개발을 넘어 사회적, 정치적 변화를 추구했다는 점이다. 이들은 기술이 권력과 자원의 분배에 영향을 미친다는 점을 인식하고, 보다 민주적이고 분산적인 기술 시스템을 추구했다. 이는 현대의 탈중앙화 기술 운동에도 영향을 미쳤다.

적정 기술 운동은 이후 여러 갈래로 발전했다. 일부는 친환경 기술, 재생 에너지, 지속 가능한 농업 등의 분야로 확장되었고, 다른 일부는 오픈 소스 하드웨어, DIY 운동, 메이커 문화 등 현대적 형태로 진화했다. 이러한 발전은 적정 기술의 기본 철학이 시대와 맥락에 따라 다양하게 적용될 수 있음을 보여준다.

장인들이 꿈꾸는 유토피아

19세기 윌리엄 모리스는 산업화와 대량 생산에 대한 대안으로서, 창조적 노동과 공동체적 삶이 조화를 이루는 사회를 상상하고 구현하려고 노력했다. 20세기 후반에 들어 모리스의 아르티장 유토피아의 이상은 새로운 형태로 부활했다. 수공예 운동, 메이커 문화, 로컬 푸드 운동 등이 그 사례다. 이들은 현대 기술을 거부하지 않으면서도, 인간의 창조성과 장인 정신을 결합한 새로운 생산 방식을 모색한다.

공예가이자 교육자인 데이비드 파이는 "장인 정신은 단순한 기술이 아니라 세계와 관계 맺는 방식"이라고 설명했다. 이는 현대적 맥락에서 아르티장 유토피아의 본질을 재해석한 것이다.

특히 디지털 장인digital artisan 개념의 등장은 주목할 만하다. 이들은 디지털 기술을 장인적 방식으로 활용하여, 대량 생산과 표준화를 넘어선 고유한 창작물을 만들어낸다. 3D 프린팅, CNC 가공, 디지털 직조 등의 기술은 전통적 장인 기술과 최신 디지털 기술을 접목한 사례들이다.

네오 아르티장 운동은 장인 정신을 현대적 맥락에서 재해석하고 있다. 브루클린의 수제 초콜릿 제조업자, 포틀랜드의 소규모 맥주 양조자, 런던의 독립 패션 디자이너들은 모두 산업적 대량 생산에 대한 대안으로서 장인적 접근을 취한다. 이들은 지역성, 투명성, 지속 가능성, 그리고 무엇보다 창조적 만족감을 중시한다.

리처드 세넷은 『장인』에서 현대 사회는 장인 정신의 부활을 필요로 한다고 주장했다. 그에 따르면 장인 정신은 일과 생활, 머리와 손, 개인과 공동체를 연결하는 통합적 접근을 제공한다.

아르티장 유토피아는 오늘날의 창조 경제와 크리에이터 문화에도 중요한 영감을 주고 있다. 이는 기술이 인간의 창조성을 억압하는 것이 아니라, 확장하고 풍부하게 하는 방향으로 발전해야 한다는 비전을 제시한다.

기술 균형을 잡는
철학적 기준

케빈 켈리는 『기술의 충격』에서 기술 규제를 위한 네 가지 핵심 원칙을 제시했다. 이 원칙들은 앞서 살펴본 다양한 기술 규제의 시도들을 이해하고 평가할 수 있는 철학적 기준을 제공한다. 특히 이 원칙들은 20세기에 등장한 주요 기술 규제 운동들의 특성을 체계적으로 설명하고 있다.

예방의 원칙Precautionary Principle은 기술이 초래할 수 있는 돌이킬 수 없는 피해를 방지하기 위한 신중한 접근을 강조한다. 이는 특히 환경·핵무기 규제에서 잘 드러난다. 환경 파괴나 핵무기의 위험과 같이 되돌릴 수 없는 피해를 예방하기 위해 사전 규제가 필요하다는 입장이다. 1960년대 이후 본격화된 환경 규제와 핵무기 통제는 이 원칙의 대표적인 적용 사례다.

한스 요나스는 『책임의 원칙』에서 현대 기술의 파괴적 잠재력에 대응하기 위해 최악의 가능성을 우선적으로 고려해야 한다고 주장했다. 그의 공포 발견술은 예방 원칙의 철학적 기초를 제공한다.

감시의 원칙Vigilance Principle은 기술의 영향에 대한 지속적인 관찰과 평가를 요구한다. 아미쉬 공동체의 기술 수용 방식이 대표적 사례다. 이들은 새로운 기술을 시범적으로 도입하고 그 영향을 면밀히 관찰한 후, 공동체적 가치에 미치는 영향을 평가하여 수용 여부를 결정한다. 브랜드의 표현을 빌리면 이는 "인공적 복잡성에 대한 대가"로서, 현대 기술의 복잡성이 증가할수록 더욱 중요해진다.

아미쉬 지도자인 레이몬드 바이러는 "우리는 기술을 무조건 거부하지 않는다. 다만 그것이 우리 공동체에 어떤 영향을 미칠지 주의 깊게 관찰한다"고 설명했다. 이는 감시 원칙의 실천적 적용을 보여준다.

선제적 행동의 원칙Proactive Principle은 기술 발전의 방향을 적극적으로 형성해야 한다는 점을 강조한다. 이는 아미쉬의 기술 선택, 환경 규제, 적정 기술 운동 모두에서 발견되는 원칙이다.

기술 발전을 그저 수동적으로 받아들이는 대신, 인간과 공동체의 가치를 반영하는 방향으로 이끌어가야 한다는 것이다. 재생 에너지 기술의 개발과 같이 바람직한 방향으로의 기술 발전을 적극적으로 추구하는 것이 이 원칙의 핵심이다.

환경운동에서는 기술이 자연스럽게 발전하길 기다리는 대신, 적극적으로 재생적이고 지속가능한 기술을 개발해야 한다는 관점을 강조한다. 이런 접근은 선제적 행동 원칙의 생태적 적용을 보여준다.

이반 일리치는 1973년 발표한 『공생의 도구』에서 현대 산업 사회의 기술이 인간의 자율성을 제한하고 의존성을 심화시킨다고 비판했다. 그는 이에 대한 대안으로 '공생적 도구Convivial tools'라는 개념을 제시했다. 공생적 도구란 사용자가 자신의 의도와 목적에 맞게 자유롭게 사용할 수 있고, 다른 사람들과의 협력과 창조적 교류를 촉진하는 도구를 의미한다.

일리치는 "진정한 공생적 도구는 사용자의 자율성을 확장하고, 다른 이들과의 창조적 교류를 가능하게 한다"고 설명했다. 이는 기술의 목적이 단순한 효율성이 아닌 인간의 자율성과 공동체성 증진에 있어야 한다는 주장이다.

이러한 일리치의 통찰을 바탕으로 발전한 공생의 원칙 Conviviality Principle은 슈마허의 적정 기술 운동에서 가장 잘 구현된다. 이는 기술이 개인과 공동체를 위한 도구가 되어야 한다는 원칙으로, 인간 규모의 기술, 지역 공동체 중심의 기술, 자율성과 창조성을 증진하는 도구를 추구한다. 협력, 투명성, 분산화, 유연성 등이 이 원칙의 핵심 가치다.

양날의 칼을
어떻게 사용할 것인가

앞서 살펴본 탈기술 운동, 적정 기술, 아르티장 유토피아, 그리고 기술 규제의 철학적 기준은 모두 "기술은 재앙인가, 희망인가?"라는 질문에 대한 다양한 관점과 답변을 제시한다. 이들의 공통점은 기술이 그 자체로 재앙이나 희망이 아니라, 그것을 어떻게 설계하고 활용하느냐에 따라 그 성격이 결정된다는 것이다.

탈기술 운동은 기술이 인간의 내면과 자연과의 관계에 야기할 수 있는 부정적 영향을 강조한다. 이들에게 기술은 잠재적 위험을 내포하고 있으며, 따라서 기술 의존도를 줄이고 대안적 생활 방식을 모색하는 것이 중요하다. 그러나 이는 기술에 대한 전면적 거부가 아니라, 더 균형 잡힌 관계를 추구하는 것이다.

적정 기술은 기술이 인간과 환경을 고려하는 방향으로 설계될 때 희망이 될 수 있다고 본다. 슈마허와 그의 추종자들에게 중요한 것은 기술의 규모와 방향성이다. 거대하고 복잡하며 환경을 파괴하는 기술 대신, 인간 규모의, 이해 가능하고, 지속 가능한 기술을 발전시키는 것이 핵심이다.

아르티장 유토피아는 기술과 창조적 노동의 통합을 통해 희망을 발견한다. 모리스와 그의 후계자들에게 기술은 인간의 창조성을 억압하는 것이 아니라, 이를 풍부하게 하는 도구가 되어야 한다. 이들은 대량 생산의 획일성 대신, 장인적 접근을 통한 개성과 품질의 회복을 추구한다.

기술 규제의 철학적 기준은 기술의 양면성을 인정하면서, 그 부정적 영향을 최소화하고 긍정적 잠재력을 극대화하기 위한 체계적 접근을 제시한다. 예방, 감시, 선제적 행동, 공생의 원칙은 모두 기술이 인간과 공동체의 가치를 존중하고 증진하는 방향으로 발전해야 한다는 점을 강조하고 있다.

따라서 "기술은 재앙인가, 희망인가?"라는 질문에 대한 답은 이분법적이지 않다. 기술은 그것을 설계하고 활용하는 방식에 따라 인간을 도구로 전락시키는 재앙이 될 수도, 삶의 동반자로서의 새로운 희망이 될 수도 있다. 중요한 것은 기술의 본질에 대한 깊은 이해와 인간 중심적 가치를 바탕으로 한 의식적인 선택이다.

이러한 관점은 현대 기술, 특히 AI와 같은 첨단 기술을 어떻게 바라보고 대응할 것인가에 중요한 시사점을 제공한다. AI 역시 그 자체로 재앙이나 희망이 아니며, 그것을 어떻게 설계하고 활용하느냐에 따라 그 성격이 결정될 것이다. 따라서 슈마허, 일리치, 켈리 등이 제시한 원칙과 관점은 AI 시대에도 여전히 유효하다.

현대 사회에서 가장 중요한 과제는 아마도 기술과 인간

가치 사이의 균형을 찾는 문제일 것이다. 이는 기술을 맹목적으로 수용하거나 무조건 거부하는 태도가 아니라, 비판적으로 수용하고 창조적으로 활용하는 지혜를 요구한다. 앞서 살펴본 다양한 대안적 접근을 바탕으로 이와 관련한 중요한 통찰과 지혜를 얻을 수 있다.

4장
실리콘밸리에서 배운 기술 사용법

1960년대 저항 문화가 1980년대 디지털 혁명으로 이어진 과정은 기술과 문화의 관계에서 가장 역설적이고 흥미로운 사례 중 하나다. 반기술적 성향으로 시작된 대항문화 운동이 어떻게 개인용 컴퓨터와 인터넷의 발전을 이끌었을까? 앨빈 토플러Alvin Toffler의 제3물결론, 대항문화에서 발전한 개인 도구 중심의 기술 활용, 그리고 스튜어트 브랜드로 대표되는 디지털 유토피아 등 1960년대 이후 선기술 운동의 탄생에 그 힌트가 있다.

새로운 문명의
제3물결이 도래하다

2024년 현재 AI 규제를 둘러싼 논쟁은 빅테크 규제 논쟁과는 다른 양상을 보인다. 빅테크의 경우 시장 지배력 남용, 개인정보 침해, 콘텐츠 통제 등의 문제가 명확히 드러났고, 이에 대한 규제의 필요성에는 광범위한 사회적 합의가 형성되어 있다. 반면 AI 규제에 대해서는 신중한 접근이 필요하다는 낙관론이 여전히 강력한 영향력을 발휘하고 있다.

1980년 출간된 앨빈 토플러의 『제3물결』은 산업 문명의 전환을 예견하며, 새로운 문명의 도래를 분석했다. 토플러는 인류 역사를 세 개의 거대한 물결로 설명한다. 농업 혁명의 제1물결, 산업 혁명의 제2물결에 이어 새로운 문명의 제3물결이 도래할 것으로 전망했다. 특히 제2물결 산업 사회의 '공식'을 표준화, 전문화, 동시화, 집중화, 극대화, 중앙집권화로 규정하고, 이 체제가 어떻게 변화할 것인지를 분석했다.

제3물결은 산업 사회의 전체를 뒤집고, 새로운 문명을 창조한다. 그것은 단순한 기술 혁명이 아니라, 인간 존재의 근본적 변화를 수반한다. 토플러의 이 통찰은 기술 변화가 단순한 도구의 진화가 아닌, 문명사적 전환임을 강조한다.

제3물결은 산업주의 공식에 대한 반작용으로 나타난다.

표준화는 다양화와 개인화로, 전문화는 융합과 통합으로, 동시화는 유연화로, 집중화는 분산화로, 극대화는 적정화로, 중앙 집권화는 탈중앙화로 대체된다. 토플러는 이러한 변화를 '탈대중화demassification'라는 개념으로 종합했다. 대량 생산-대량 소비-대중 매체로 대표되는 '대중' 중심의 산업 문명이 해체되고, 개인화되고 다원화된 새로운 문명이 등장한다는 것이다.

토플러의 주요 개념들은 개인의 기술적 역량 강화와 밀접하게 연관되어 있다. 그는 기술이 개인의 창의성과 자율성을 확장하는 근본적인 도구가 될 수 있다고 믿었다. 그의 이론은 기술 발전이 단순한 생산성 향상을 넘어 인간 사회의 근본적인 재구성을 가능하게 한다는 낙관적 전망에 기반했다.

토플러의 핵심 개념 중 하나는 '프로슈머Prosumer'다. 이는 생산자producer와 소비자consumer의 합성어로, 미래 경제의 핵심 주체를 나타낸다. 프로슈머 경제에서 개인은 자신의 필요에 맞춘 제품과 서비스를 직접 생산하고 소비한다. 제2물결이 생산자와 소비자를 분리했다면, 제3물결은 이를 다시 통합하는 셈이다.

프로슈머의 등장은 단순한 소비 패턴의 변화가 아니라, 경제와 문화의 근본적 재편을 의미한다. 이는 산업화 과정에서 분리되었던 생산과 소비의 재통합이다. 토플러는 이처럼 프로슈머가 새로운 경제 질서의 핵심 주체가 될 것으로 전망했다.

'전자 주택electronic cottage'은 프로슈머의 활동 공간이자 제3물결 시대의 새로운 생활-노동 단위다. 토플러는 전자 기술의 발달로 많은 경제 활동이 가정에서 이루어질 수 있게 되면서, 산업화 시대의 일-주거 분리가 재통합될 것이라 보았다. 전자 주택은 단순한 거주 공간이 아닌, 생산과 소비, 교육과 여가가 통합된 새로운 형태의 생활 공간이다.

토플러는 정보화 시대의 도래와 함께 노동의 성격도 크게 변화할 것이라 예측했다. 특히 전자 주택에서의 원격 근무 증가, 노동 시간의 유연화, 생산-소비 경계의 붕괴 등을 통해 산업 시대의 노동 패러다임이 근본적으로 변화할 것이라 전망했다. 이는 현대의 재택근무와 유연 근무제의 확산을 예견한 것이었다.

제3물결은 개인과 정체성의 변화도 동반한다. 제2물결에서 개인이 표준화된 교육과 대량 생산 체제에 맞춰진 획일적 정체성을 가졌다면, 제3물결에서는 탈대중화로 인해 개인이 자신만의 독특한 정체성을 추구하고 표현할 수 있게 된다. 다양한 생활 방식과 가치관이 인정되며, 개인은 자신의 관심사와 재능에 따라 유연하게 삶을 설계한다.

기업의 정체성도 변화한다. 제2물결의 관료제bureaucracy가 해체되고, 상황에 따라 유연하게 대응하는 애드호크라시adhocracy가 등장한다. 거대 조직은 작은 단위로 쪼개지고, 의사결정은 분산되며, 위계질서는 네트워크로 대체된다.

토플러는 제3물결 문명에서는 '규모의 경제'보다 '범위의 경제'가 중요해진다고 지적했다. 이는 대량 생산의 효율성보다 다양한 제품과 서비스를 유연하게 생산할 수 있는 능력이 더욱 중요해진다는 의미다.

제3물결은 산업 사회의 내적 모순과 외적 한계 때문에 불가피했다. 내적으로는 제2물결의 공식이 인간의 자율성과 창의성을 억압했고, 외적으로는 생태적 위기가 산업 문명의 지속 가능성을 위협했다. 여기에 컴퓨터와 통신 기술의 발전은 대량 생산 체제를 대체할 수 있는 새로운 생산-소비 방식을 가능하게 만들었다.

그러나 토플러의 비전은 개인주의 경제의 진화 과정에서 불완전한 중간 단계에 머물렀다는 평가를 받는다. 19세기말 윌리엄 모리스의 장인 경제와 비교할 때, 토플러의 프로슈머는 진정한 의미의 독립적 경제 주체로 설정되지 않았다는 한계를 보인다. 주로 취미 활동, 자가 소비, 셀프 서비스와 같은 비영리적 개인 활동을 추구하는 프로슈머는 자신의 창조적 활동으로 생계를 영위하는 존재로까지 발전하지는 못했다. 제3물결에서 기업은 여전히 경제의 중심 주체로 남아있으며, 개인은 새로운 형태의 기업에 고용된 상태를 유지한다.

그럼에도 불구하고 토플러의 통찰은 여전히 중요한 의미를 지닌다. 그가 40년 전에 예측한 재택근무의 확산, 개인화된 생산과 소비의 증가, 네트워크 기반 조직의 부상은 현재 상당 부분 실현되고 있다. 토플러는 기술 발전이 단순한 생산성 향상을 넘어, 문명의 근본적 전환을 가져올 것이라는 점을 정확히 포착했다.

개인의 손에 쥐어진
창조의 도구

대항문화가 전반적으로 반기술 성향을 보였지만, 초기부터 창조성과 개인의 도구를 중심으로 하는 선기술적 흐름도 존재했다. 이들은 대규모 산업 생산 시스템에 대항하여 소규모 공동체 중심의 수공예와 자급자족 체제를 구축하고자 했다. 캘리포니아의 여러 코뮌commune에서는 직접 도구를 제작하고, 농작물을 재배하며, 의복과 생활용품을 스스로 만드는 실천을 통해 기술의 개인화와 창조성을 추구했다.

스튜어트 브랜드의 출판물 '전 지구 카탈로그'는 개인 도구 중심의 대항문화 운동에서 결정적인 전환점이 되었다. 1968년 처음 발간된 이 출판물은 단순한 도구 목록을 넘어, 기술과 개인의 자율성, 창의성을 연결하는 혁명적인 선언이었다. 브랜드가 제시한 기술과 문화의 통합적 관점에서 "접근성의 혁명"은 개인이 스스로 도구를 선택하고 활용하여 자신의 환경을 통제하고 창조할 수 있다는 철학을 담고 있었다.

브랜드는 카탈로그의 목적을 개인의 능력, 자율성, 그리고 지혜를 증진시키는 도구에 대한 접근을 제공하는 것이라고 정의했다. 이는 대규모 관료제와 산업 체제에 종속되지 않고, 개인이 자신의 삶을 창조적으로 구성할 수 있는 가능성을 제시했다.

그 후 개인 도구 중심의 대항문화는 기술을 통해 개인의 능력을 확장하고 자율성을 증진하는 방향으로 발전했다. 이 운동은 기술을 단순한 생산성 도구가 아니라 개인의 해방과 창의성 실현을 위한 수단으로 인식했다.

DIY Do-It-Yourself 문화는 이러한 흐름의 출발점이었다. 메이커 운동, 해커 문화, 오픈 소스 커뮤니티는 개인이 기술을 직접 만들고 수정하며 자신의 필요에 맞게 활용할 수 있음을 보여주었다. 또 3D 프린팅과 아두이노 같은 기술은 개인의 제작 능력을 획기적으로 확장했다.

1970년대 버클리에서 시작된 커뮤니티 메모리Community Memory 프로젝트는 대항문화의 가치를 디지털 영역으로 확장한 초기 사례였다. 이 프로젝트는 일반 시민들이 컴퓨터 터미널을 통해 정보를 공유하고 소통할 수 있는 플랫폼을 제공했다. 프로젝트를 이끈 리 펠젠슈타인은 컴퓨터는 해방의 도구가 될 수 있다고 주장했다.

홈브루 컴퓨터 클럽Homebrew Computer Club의 형성은 이러한 흐름의 중요한 이정표가 되었다. 1975년 실리콘밸리에서 시작된 이 모임은 컴퓨터 애호가들이 모여 지식과 경험을 공유하는 장이었다. 이들은 컴퓨터를 대기업과 기관의 전유물이 아닌, 개인이 활용할 수 있는 도구로 재정의했다.

스티브 워즈니악과 스티브 잡스는 이 클럽에서 애플 컴퓨터의 초기 아이디어를 발전시켰다. 애플 I과 애플 II는 대항문화의 DIY 정신과 개인 역량 강화의 철학을 상업적으로 성공한 제품으로 구현한 결과였다. 애플의 창립자들은 컴퓨터를 단순한 계산 도구가 아닌, 사람들의 창의력을 확장하는 도구로 만들고자 했다.

개인용 컴퓨터PC, Personal Computer 혁명은 이러한 흐름의 핵심이었다. 애플의 스티브 잡스와 스티브 워즈니악은 컴퓨터를 대기업과 전문가의 전유물에서 개인의 창작 도구로 전환했다. 더불어 매킨토시는 개인의 창의성을 표현할 수 있는 플랫폼으로 자리 잡았다. 맥킨토시 컴퓨터의 발표 당시, 애플의 유명한 1984 광고는 "1월 24일, 애플 컴퓨터가 맥킨토시를 소개할 것입니다. 그리고 당신은 왜 1984년이 『1984』년 같지 않을 것인지 알게 될 것입니다"라고 선언했다. 이 광고는 조지 오웰의 디스토피아 소설을 참조한 것으로, 대형 컴퓨터 기업의 중앙 집중적 통제에 대항하여 개인의 자유와 창의성을 강조하는 애플의 철학을 상징적으로 표현했다.

인터넷의 등장은 개인의 정보 접근성과 표현의 자유를 근본적으로 변화시켰다. 블로그, 소셜 미디어, 유튜브 등은 개인이 직접 콘텐츠를 생산하고 공유할 수 있는 플랫폼을 제공했다. 이는 기존의 중앙 집중식 미디어 구조를 해체했다.

인터넷의 초기 설계는 패킷 스위칭과 분산형 구조를 통해 기존의 중앙집중적 통신 방식과는 다른 접근을 시도했다. 이러한 네트워크 철학은 대항문화의 가치가 기술 설계에 반영된 사례라고 할 수 있다. 리처드 스톨만의 자유 소프트웨어 운동과 리누스 토발즈의 오픈 소스 소프트웨어 개발은 기술의 민주화와 공유의 가치를 실현하는 중요한 사례가 되었다. 이들은 소프트웨어가 소수의 기업에 의해 통제되는 것이 아니라, 모든 사람이 자유롭게 사용하고 수정할 수 있어야 한다는 원칙을 세웠다.

이러한 개인 도구 중심의 대항문화는 기술을 통해 새로운 형태의 자율성과 창의성을 실현하는 가능성을 보여주었다. 동시에 기술이 반드시 인간을 소외시키고 통제하는 것이 아니라, 오히려 해방과 권능 부여의 도구가 될 수 있음을 증명했다.

브랜드가 꿈꾼
디지털 유토피아의 탄생 ———————————

앞서 살펴본 대항문화 운동의 맥락에서, 스튜어트 브랜드는 기술 발전과 문화 변동을 연결하는 핵심적인 매개자로 등장했다. 그는 1960년대의 대항문화 운동에서 시작하여 개인용 컴퓨터와 인터넷 혁명에 이르기까지, 기술과 인간 사이의 새로운 관계를 모색하는 데 중요한 영향을 미쳤다. 브랜드의 작업은 기술을 단순한 도구가 아닌, 사회 변화와 개인의 자유를 확장하는 수단으로 재해석했다.

브랜드는 처음에는 전형적인 대항문화 인물로 시작했다. 그는 켄 키지의 '메리 프랭크스터스' 그룹과 함께 활동했고, 60년대 초반 샌프란시스코의 애시드 테스트 파티에 참여했다. 그러나 그는 곧 기술이 대항문화의 가치를 실현할 수 있는 강력한 도구가 될 수 있다는 통찰을 얻었다.

'전 지구 카탈로그'의 발간은 브랜드의 가장 중요한 업적 중 하나다. 1968년에 시작된 이 출판물은 다양한 도구, 책, 기술에 대한 정보를 제공하며 "접근성의 혁명"을 주도했다. '전 지구 카탈로그'는 개인이 자신의 환경을 직접 통제하고 창조할 수 있도록 필요한 정보와 도구를 제공했으며, 후일 인터넷의 원형이 되었다.

브랜드는 카탈로그에서 "우리는 신과 같은 존재가 되고 있다. 그렇다면 잘 해내는 게 좋겠다"라는 유명한 문구를 사용했다. 이는 기술에 대한 그의 양가적 태도를 보여준다. 그는 기술의 잠재적 위험을 인식하면서도, 그것을 인간의 창조성과 자율성을 확장하는 수단으로 활용할 수 있다고 믿었다.

브랜드의 접근 방식은 '웰The WELL, The Whole Earth 'Lectronic Link' 네트워크의 설립으로 이어졌다. 1985년 설립된 이 온라인 커뮤니티는 초기 인터넷 문화의 형성에 중요한 영향을 미쳤다. 웰은 사용자들이 자유롭게 의견을 교환하고 정보를 공유할 수 있는 플랫폼을 제공하며, 디지털 커뮤니티의 새로운 모델을 제시했다.

웰은 단순한 온라인 포럼이 아니라, 진정한 의미의 가상 공동체였다. 이는 기술이 새로운 형태의 사회적 연결과 공동체를 가능하게 한다는 브랜드의 비전이 실현된 사례였다.

'글로벌 비즈니스 네트워크GBN, Global Business Network'의 설립은 브랜드의 비전을 기업 세계로 확장한 시도였다. GBN은 미래 시나리오 기획과 전략적 사고를 결합한 새로운 형태의 컨설팅을 제공했다. 이를 통해 기업들이 장기적 관점에서 기술 변화와 사회 변동을 이해하고 대응할 수 있도록 도왔다.

'롱 나우의 시계The Clock of the Long Now' 프로젝트는 브랜드의 장기적 시각을 잘 보여준다. 1만 년 동안 작동할 수 있는 시계를 만드는 이 프로젝트는, 현대 사회의 단기적 사고방식을 비판하고 장기적 책임감을 강조하는 상징적인 시도였다. 이는 기술 발전이 지속 가능성과 조화를 이루어야 한다는 그의 신념을 반영한다.

브랜드는 "장기적 사고는 인류의 생존을 위한 필수 조건이다"라고 주장했다. 이 주장은 기술 발전의 속도가 빨라지는 시대일수록, 더 긴 시간 프레임으로 생각하고 계획해야 한다는 역설적 통찰이다.

또한 "홀 어스 디시플린Whole Earth Discipline"에서 브랜드는 환경 문제에 대한 새로운 접근을 제안했다. 그는 환경 보호를 위해 기술을 거부하는 것이 아니라, 오히려 적극적으로 활용해야 한다고 주장했다. 도시화, 원자력 발전, 유전자 공학과 같은 첨단 기술이 환경 문제 해결에 기여할 수 있다는 그의 주장은 많은 논란을 불러일으켰다.

브랜드의 영향력은 실리콘밸리의 발전에서도 찾아볼 수 있다. 그는 개인용 컴퓨터와 인터넷이 가진 해방적 잠재력을 일찍이 인식하고, 이를 대중화하는데 기여했다. 스티브 잡스를 비롯한 많은 기술 혁신가들이 그의 영향을 받았다.

블룸버그 기자 존 마르코프는 브랜드는 대항문화와 첨단 기술 문화 사이의 가교 역할을 했다고 평가했다. 그가 두 세계를 연결하면서 양쪽 모두를 변화시켰다는 의미다.

브랜드는 또한 기술과 생태학의 조화를 강조했다. 그는 인간의 기술 활동이 자연의 시스템을 이해하고 이와 조화를 이루어야 한다고 믿었다. 이러한 관점은 현대의 지속 가능한 기술 발전 논의에 중요한 통찰을 제공한다.

브랜드의 유산은 현대 사회에서 여전히 중요한 의미를 갖는다. 그가 제시한 기술과 문화의 통합적 이해, 장기적 관점의 중요성, 정보의 민주화 등의 아이디어는 오늘날 더욱 절실히 요구되는 가치가 되었다. 그의 작업은 기술 발전이 어떻게 인간의 자유와 창의성을 증진하는 방향으로 이루어질 수 있는지에 대한 중요한 지침을 제공한다.

실리콘밸리에서 배운
기술 사용법

토플러의 제3물결론, 대항문화의 개인 도구 중심 접근, 그리고 브랜드로 대표되는 디지털 유토피아의 비전은 모두 기술을 어떻게 인간 중심적으로 활용할 수 있는지에 대한 선기술적 철학을 제공한다. 이들의 경험과 철학에서 우리는 어떤 기술 사용법을 배울 수 있을까?

첫째, 기술의 목적을 재정의하는 것이 중요하다. 대항문화 운동은 기술이 단순한 효율성이나 생산성 향상의 도구가 아니라, 인간의 창조성과 자율성을 확장하는 수단이 될 수 있음을 보여주었다. 즉 기술의 목적을 '통제'에서 '역량 강화'로 전환하는 관점의 변화를 의미한다.

브랜드는 기술이 그 자체로 좋거나 나쁜 것이 아니며, 중요한 것은 우리가 그것을 어떻게 사용하느냐라는 관점을 취했다. 기술의 양면성을 인정하면서도, 그것의 긍정적 잠재력을 실현할 수 있는 가능성을 강조한 것이다.

둘째, 기술의 규모와 복잡성에 대한 재고가 필요하다. 대항문화 운동은 거대하고 복잡한 기술 시스템 대신 개인이 이해하고 통제할 수 있는 규모의 기술을 선호했으며, 슈마허의 '인간적 규모의 기술'이라는 개념과도 통한다.

애플 컴퓨터의 초기 성공은 이러한 철학을 잘 보여준다.

거대 메인프레임 컴퓨터에 대항하여, 개인이 소유하고 조작할 수 있는 규모의 컴퓨터를 개발함으로써 컴퓨팅의 패러다임을 변화시킨 사례.

셋째, 기술의 개방성과 접근성이 중요하다. 오픈 소스 운동, 해커 문화, DIY 운동은 모두 기술이 소수에 의해 독점되지 않고, 모든 사람이 자유롭게 접근하고 수정할 수 있어야 한다는 원칙을 공유한다. 이는 다름아닌 기술의 민주화를 의미하는 것이다.

리누스 토발즈는 우리는 소프트웨어를 자유롭게 공유함으로써 모두에게 혜택을 줄 수 있다고 주장했다. 이러한 철학은 현대의 위키피디아, 오픈 소스 하드웨어, 메이커 운동 등으로 확장되었다.

넷째, 기술 발전에서 커뮤니티의 역할이 중요하다. 홈브루 컴퓨터 클럽, 웰과 같은 공동체는 기술의 발전과 활용이 고립된 개인이 아닌, 상호 연결된 커뮤니티를 통해 이루어질 때 더 풍부하고 다양한 방향으로 진화할 수 있음을 보여주었다.

오픈 소스 개발 철학에서는 뛰어난 코드가 혼자서 만들어지지 않으며, 커뮤니티의 집단 지성에서 비롯된다는 관점이 우세하다. 기술 개발의 사회적 측면을 강조한 통찰이다.

다섯째, 기술과 가치의 결합이 필요하다. 대항문화 운동은 기술 발전이 단순한 기술적 진보가 아니라, 특정한 사회적, 문화적 가치를 구현하는 과정임을 강조했다. 따라서 어떤 가치를 기술에 반영할 것인지에 대한 명확한 인식이 중요하다.

브랜드는 '전 지구 카탈로그'의 마지막 문장으로 "굶주리고, 깨어있으라"라는 문구를 사용했다. 기술에 대한 비판적 의식과 끊임없는 질문의 자세를 유지해야 한다는 것을 강조한 것이다.

이러한 교훈들은 오늘날 AI 시대에도 적용 가능하다. AI 기술 역시 그 자체로 좋거나 나쁜 것이 아니며, 우리가 그것을 어떤 목적으로, 어떤 방식으로 개발하고 활용하느냐에 따라 그 성격이 결정된다. 대항문화 운동이 개인용 컴퓨터와 인터넷을 통해 보여준 기술의 해방적 활용 가능성은, AI 시대에도 중요한 참고점이 될 수 있다.

프레드 터너는 『대항문화에서 사이버컬처』에서 대항문화 운동이 기술이 거부한 것이 아니라, 그것을 인간화하고 민주화하려 했다는 점을 강조한다. 여기서 우리는 기술과 인간 가치의 조화로운 통합이 가능하다는 희망적 메시지를 발견할 수 있다.

또한 실리콘밸리 모델의 한계도 인식해야 한다. 초기의 이상주의적 비전은 점차 상업적 이익과 성장 중심의 모델로 변질되었다. 현재의 빅테크 기업들은 개인의 자율성과 창의성보다는 이윤과 시장 지배력을 우선시하는 경향을 보인다.

같은 맥락에서 대항문화에서 시작된 기술 비전이 어떻게 기업 문화에 포섭되었는지를 비판적으로 분석하는 작업도 이루어진다. 기술의 인간화가 지속적인 경계와 비판적인 재평가를 필요로 하는 점을 시사하고 있다.

그러나 이러한 한계에도 불구하고, 실리콘밸리의 초기 비전은 여전히 중요한 영감의 원천이다. 개인의 역량 강화, 분산화된 네트워크, 정보의 자유로운 흐름과 같은 가치는 오늘날에도 기술의 인간화를 위한 중요한 지향점이 될 수 있다.

결론적으로 실리콘밸리에서 배울 수 있는 가장 중요한 교훈은 기술이 인간의 창조성과 자율성을 증진하는 방향으로 발전할 수 있다는 가능성을 보여준 것이다. 이는 기술 결정론이나 기술 비관론 모두를 넘어서는 제3의 길을 제시한다. 기술은 인간이 만들고 형성하는 것이며, 우리는 그것을 어떤 가치와 목적에 따라 발전시킬 것인지 선택할 수 있다. 이것이 아마도 실리콘밸리에서 배울 수 있는 가장 중요한 기술 사용법일 것이다.

―― 5장 ――
기술을 거부한 사람들이 만든 변화

대항문화 운동이 이룬 가장 역설적인 성과는 그들이 거부하던 기술 체제를 근본적으로 변혁시켰다는 점이다. 1960년대 히피들과 반체제 인사들의 실험은 21세기 디지털 문명의 토대가 되었다. 이것이 어떻게 가능했으며, 이 역사적 경험이 현재 AI 시대에 주는 교훈은 무엇일까?

대항문화 운동의
세 가지 기여

대항문화 운동은 단순한 저항을 넘어, 기술과 인간의 관계를 근본적으로 재구성하는 데 기여했다. 이들의 기여는 크게 세 가지 차원에서 평가할 수 있다.

우선 개인적 차원에서는 창조적 주체성의 확립에 기여했다. 1960년대 대항문화 운동에서 강조된 자율성과 창조성은 기술을 개인적 창작과 자기표현의 수단으로 재해석하는 데 결정적인 영향을 미쳤다. 이는 특히 컴퓨터와 인터넷이 단순한 정보처리 도구가 아닌, 창조적 표현의 플랫폼으로 발전하는 데 중요한 역할을 했다. 개인용 컴퓨터의 등장으로 일반인도 디지털 창작이 가능해졌다. 디지털 카메라, 비디오 편집 소프트웨어, 음악 제작 도구 등은 개인의 창조적 역량을 극대화했다. 블로그와 소셜 미디어의 발전은 개인이 자신의 목소리를 세상에 직접 전달할 수 있는 채널을 제공했다.

사회적 차원에서 대항문화는 대안적 공동체의 형성을 촉진했다. 이 공동체들은 기존의 기술과 문화에 대한 대안적 접근을 실험하며, 새로운 사회적 실천과 문화적 가치를 창출했다. 실리콘밸리의 초기 해커 문화, 오픈 소스 운동, 메이커 문화 등은 이러한 공동체적 실험의 대표적 사례다. 특히 중요한 것은 이러한 공동체들이 만들어낸 협력적 생산 모델이다. 리눅스 개발 과정에서 보여준 분산된 협력, 위키피디아의 집단 지성 모델, 오픈 소스 하드웨어 프로젝트 등은 위계적 조직 없이도 복잡한 문제를 해결할 수 있는 새로운 가능성을 보여주었다.

또한 대항문화는 기술의 의미를 근본적으로 재해석했다. 이 운동은 기술이 인간에게 미치는 영향을 비판적으로 분석하고, 기술 개발과 활용 과정에서 인간의 가치와 필요가 우선시 되어야 함을 강조했다. 환경 운동과 연계된 기술 전환적 문화 운동은 지속 가능성을 기술 개발의 핵심 가치로 설정했다. 디지털 기술의 발전 방향도 이러한 재해석의 영향을 받았다. 초기 인터넷 개발자들은 정보의 자유로운 흐름, 탈중앙화된 네트워크 구조, 개방성과 투명성의 가치를 기술 설계에 반영함으로써 단순한 기술적 선택이 아닌, 특정한 사회적, 정치적 가치를 표현했다.

저항보다
강력한 창조적 전환

대항문화 운동의 경험은 기술과 문화의 상호 작용이 단순한 인과관계가 아닌, 복잡한 변증법적 과정임을 보여준다. 이는 현대 사회가 직면한 기술 관련 문제들을 이해하고 해결하는 데 중요한 통찰을 제공한다.

두 번째 순환에서 대항문화 운동의 가장 중요한 교훈은 기술에 대한 단순한 저항보다 창조적 전환이 더 효과적이라는 점이다. 초기 대항문화는 기술 문명에 대한 저항의 형태로 시작되었지만, 가장 지속적인 영향을 미친 것은 기술을 대안적 가치와 목적을 위해 재구성한 선기술 실험들이었다. 이러한 대응은 오늘날 AI와 빅테크에 대한 우리의 접근에도 중요한 시사점을 준다. 단순한 거부나 규제만으로는 불충분하며, 기술을 인간의 창조성과 자율성을 확장하는 기술 인간화로 전환하는 적극적인 실험이 필요하다.

기술 발전의 방향은 사회적 가치와 문화적 맥락에 의해 크게 영향을 받는다. 개인용 컴퓨터와 인터넷의 발전 방향은 대항문화가 강조한 개인의 자율성, 창의성, 연결성이라는 가치에 의해 형성되었다. 오늘날 AI와 디지털 플랫폼의 발전 방향도 마찬가지로 우리가 어떤 가치를 중심에 두느냐에 따라 달라질 수 있다. 효율성과 생산성 외에 인간의 창조성, 자율성, 연결성을 중심 가치로 설정한다면, 기술 발전의 방향도 달라질 것이다.

대항문화 운동의 경험은 문화 운동이 단기적으로는 주변적 현상처럼 보일지라도, 장기적으로는 기술과 사회의 진화 방향에 깊은 영향을 미칠 수 있음을 보여준다. 1960년대의 히피들이 오늘날의 디지털 경제를 형성했다는 사실은 문화적 실험의 잠재적 영향력을 보여주는 것이다. 오늘날의 메이커 운동, 크리에이터 문화, 공유 경제 실험 등 다양한 문화적 움직임도 미래 기술 발전의 방향을 형성하는 중요한 씨앗이 될 수 있다.

대항문화 운동이 광범위한 영향력을 갖게 된 중요한 이유 중 하나는 이들의 가치가 실리콘밸리라는 경제적 기반을 통해 구현되었다는 점이다. 새로운 가치와 비전은 지속 가능한 경제 모델로 이어질 때 더 큰 영향력을 발휘할 수 있다. 이는 현재 AI 시대의 기술 인간화 시도에도 중요한 시사점을 준다. 단순한 문화적 저항이나 비판을 넘어, 인간 중심의 기술을 경제적으로도 지속 가능하게 만드는 모델을 발전시켜야 한다.

다음 순환을 맞이하는
우리의 과제

두 번째 순환에서 우리는 컴퓨터라는 중앙 집중화된 통제 도구를 개인의 창조성과 자율성을 확장하는 도구로 전환하는 데 성공했다. 그러나 21세기 들어 새로운 도전이 등장했다. 빅테크 기업들의 플랫폼 독점과 AI의 발전은 디지털 유토피아의 이상에 어둠을 드리우고 있다.

그러나 대항문화 운동의 경험은 기술적 도전에 대한 창조적 대응이 가능함을 증명했다. 세 번째 순환에서는 AI와 빅테크 기술을 어떻게 인간화할 것인지, 어떻게 이들을 인간의 창조성과 자율성을 확장하는 도구로 전환할 것인지가 핵심 과제가 될 것이다.

  이 과제는 단순한 기술적 문제가 아니라 문화적 과제다. 대항문화 운동이 컴퓨터를 재해석하고 전환했듯이, 우리 시대에도 새로운 문화 운동을 통해 AI와 디지털 플랫폼을 인간화하는 실험이 이루어져야 한다. 또한 이러한 실험이 어떤 형태로 전개되며 어떤 성과를 가져올지 살펴볼 필요가 있다.

4부

AI 시대, 인간에게
던져진 새로운 질문

제3순환, 인간의 창조성에 대한 도전에
크리에이터 문화로 응전하다

오늘날 오늘날 AI 기술의 발전 속에서 인간의 창조성과 공동체성은 다시 한 번 도전받고 있다. 기술은 인간의 노동을 대체하는 수준을 넘어, 창작하고 판단하는 인간 고유의 능력을 침범하기 시작했다. 이는 우리가 AI와 디지털 플랫폼을 인간의 창조성과 자율성을 오히려 확장하는 기술로 전환해야 하는 과제에 직면했다는 뜻이기도 하다. 19세기 미술 공예 운동이 산업 기술 속에서 인간성을 보여주고, 20세기 대항문화 운동이 기술의 양면성 속에서 다양한 대안을 찾아 기술의 인간화를 추구했듯이, AI 시대의 새로운 기술에 대해 우리는 또 다시 문화적 응전을 준비해야 한다.

― 1장 ―
AI는 우리의 삶을 어디까지 통제할까

2022년 11월 30일 ChatGPT의 출시는 AI와 빅테크 기업들이 이미 루이스 멈포드가 경고한 '권위적 기술'로 진화하고 있음을 극명하게 보여주었다. 멈포드가 말한 권위적 기술의 핵심 특징들-중앙 집중적 통제, 표준화된 행동 양식의 강요, 효율성 중심의 가치관-이 현대 AI 시스템과 빅테크 플랫폼에서 그대로 드러나고 있다. Google, Meta, Amazon과 같은 빅테크 기업들은 전 세계의 디지털 인프라를 독점적으로 통제하며, 그들의 알고리즘은 수십억 명의 행동과 선택을 획일화된 방식으로 조정한다.

더욱 우려스러운 것은 AI와 빅테크 플랫폼이 이전의 권위적 기술들보다 더 은밀하고 강력한 형태의 통제를 가능하게 한다는 점이다. ChatGPT와 같은 생성형 AI는 인간의 창조적 작업까지 표준화하고 자동화하며, 빅테크의 추천 알고리즘은 우리의 정보 접근과 소통 방식을 지배한다. 거대 AI 시스템의 등장은 멈포드가 우려했던 '메가머신'의 현대적 구현이자, 개인의 자율성과 다양성에 대한 근본적 위협이다.

AI 시대의

새로운 도전 ───────

빅테크와 AI가 가져온 도전은 세 가지 차원에서 이전의 기술 혁명과 구별된다. 첫째, 이들은 인간의 지적 능력을 모방하고 확장하는 데 그치지 않고, 인간의 인지와 의사결정 과정 자체를 조정한다. 빅테크의 알고리즘은 우리가 접하는 정보를 필터링하고, AI는 우리의 판단과 선택을 대신한다. 이는 산업 혁명이나 컴퓨터 혁명과는 질적으로 다른 차원의 도전이다.

둘째, 빅테크와 AI는 전례 없는 수준의 권력 집중을 가져왔다. 소수의 기업들이 전 세계의 디지털 인프라와 데이터를 독점하면서, 이들은 국가보다도 강력한 영향력을 행사한다. 2023년 기준 상위 5개 빅테크 기업의 시가 총액은 많은 국가의 GDP를 상회하며, 이들이 보유한 사용자 데이터의 규모는 역사상 어떤 조직도 가져보지 못한 수준이다. 예를 들어, 구글과 메타는 전 세계 온라인 광고 시장의 50% 이상을 점유하고 있으며, 아마존은 미국 전자상거래의 40%를 차지한다.

셋째, 이들의 영향력은 점점 더 불가시적이고 편재적이 되어간다. 빅테크의 플랫폼은 우리의 일상생활에 깊숙이 침투했으며, AI 알고리즘은 점점 더 많은 의사결정 과정에 관여하고 있다. 이러한 '보이지 않는 통치'는 저항이나 대안을 모색하기 어렵게 만든다.

창조성과
자율성에 대한 위협

AI 시대가 불러온 도전은 특히 창조적 영역에서 심각한 우려를 낳는다. AI 생성 도구들은 예술가들의 작품을 무단으로 학습하여 모방하고, 빅테크의 플랫폼은 창작자들의 작품 유통과 수익 구조를 통제한다. 더구나 알고리즘에 의해 선별되고 AI가 생성한 콘텐츠가 온라인 공간을 지배하면서, 진정한 인간 창작자들의 목소리가 가려지는 현상이 발생하고 있다.

빅테크와 AI는 노동시장의 급격한 재편도 야기한다.

McKinsey의 2023년 분석에 따르면 2030년까지 전 세계 노동자의 약 50%가 AI에 의해 영향을 받을 것으로 예측된다. 특히 플랫폼 노동의 확산은 새로운 형태의 불안정 노동을 만들어내고 있으며, AI의 발전은 중간 숙련 일자리의 대규모 소멸을 가져올 수 있다.

더욱 근본적인 도전은 이들이 인간의 자아 정체성과 존재 의미에 제기하는 질문이다. 빅테크 플랫폼이 우리의 사회적 관계를 매개하고 AI가 인간의 창조적 능력을 대체할 수 있다면, 인간만의 고유한 가치는 무엇인가? 이는 단순한 기술적 혹은 경제적 문제를 넘어 철학적이고 실존적인 질문을 던진다.

AI 기술에 대한 다섯 가지 대응

이러한 도전에 대한 반응은 앞선 1차, 2차 순환과 마찬가지로 다섯 가지 대응 방식으로 나타난다.

첫째, 숭기술Tech-Utopia 입장의 기술 낙관론자들은 AI가 인류의 창조적 잠재력을 극대화할 것이라 기대한다. 이들은 AI가 인간의 능력을 확장하고 새로운 형태의 창조적 협력을 가능하게 할 것이라고 주장한다.

둘째, 반기술Anti-Technology 입장의 AI 도어머들은 AI가 인류의 존속 자체를 위협할 수 있다고 경고한다. 더불어 AI가 인간의 통제를 벗어나 파국적인 결과를 초래할 가능성에 주목한다.

셋째, 탈기술Post-Technology 입장의 디지털 디톡스 운동은 AI와 거리를 두는 대안적 생활 방식을 모색한다. 탈기술주의자들은 기술 의존도를 낮추고 보다 자연적이고 직접적인 경험을 중시한다.

넷째, 견기술Tech-Restraint 입장에서 EU를 중심으로 한 규제론자들은 제도적 통제를 통해 AI의 위험을 관리하고자 한다. 이에 따라 AI 발전의 방향과 속도를 인간 중심적 가치에 맞게 조정하려 한다.

다섯째, 선기술Tech-Humanization 입장의 크리에이터 문화는 AI를 인간의 창조성을 확장하는 도구로 전환하려 한다. 그래서 AI를 거부하거나 맹목적으로 수용하는 대신, 인간의 창조성과 AI의 능력을 결합하는 새로운 실험을 시도한다.

기술 인간화의
가능성

이러한 상황에서 AI와 빅테크의 민주화와 인간화를 위한 문화 운동의 필요성이 더욱 절실해지고 있다. 역사적으로 문화 운동은 권위적 기술을 민주적 기술로 전환하는 데 중요한 역할을 해왔다. 19세기 미술 공예 운동이 산업 기술을, 20세기 대항문화 운동이 컴퓨터를 인간화했듯이, 우리는 이제 AI와 디지털 플랫폼을 인간의 창조성과 자율성을 확장하는 민주적 기술로 전환해야 하는 과제에 직면해 있다.

AI 기술에 대한 선기술적 접근, 즉 기술 인간화가 가장 생산적인 대응인 이유는, 이 방법만이 AI 시대에 기술과 인간의 관계를 창조적으로 재구성할 가능성을 제시하기 때문이다. 기술 인간화 운동은 AI를 단순히 수용하거나 거부하는 것이 아니라, 인간의 가치와 문화적 맥락을 반영하여 기술을 적극적으로 재해석하고 활용하는 접근 방식을 포함한다.

기술 인간화 운동은 기술이 사회와 문화에 미치는 영향을 고려하여, 기술 자체보다는 그 사용 방식과 목적을 중시한다. 따라서 기술을 인류의 진보에 적합하게 조율하고, 기술 발전을 사회적, 윤리적, 인간적 요구에 맞게 이끌 수 있는 방법을 제공한다. 이 접근법은 기술 인간화 운동을 다른 대응 방식과 구별하며, 오늘날 AI 발전 속에서 인간적 가치를 지켜내는 데 필수적이다.

2장
AI와의 관계, 협력인가 경쟁인가

AI와 빅테크가 가져온 세 가지 차원의 도전-인지와 의사결정 과정의 조정, 전례 없는 권력 집중, 불가시적이고 편재적인 영향력-에 대해 현재 나타나고 있는 다섯 가지 대응 방식의 장단점은 무엇일까? 이 장에서는 특히 숭기술과 반기술, 탈기술, 견기술의 논의를 심층적으로 살펴보고, 이들이 제시하는 해법의 가능성과 한계를 분석해보자.

2024년 현재 AI 규제를 둘러싼 논쟁은 빅테크 규제 논쟁과는 다른 양상을 보인다. 빅테크의 경우 시장 지배력 남용, 개인정보 침해, 콘텐츠 통제 등의 문제가 명확히 드러났고, 이에 대한 규제의 필요성에는 광범위한 사회적 합의가 형성되어 있다. 반면 AI 규제에 대해서는 숭기술적 관점의 낙관론이 여전히 강력한 영향력을 발휘하고 있다. 이러한 대립 구도 속에서 우리는 AI와 싸울 것인가, 함께할 것인가라는 근본적인 질문에 직면해 있다.

낙관론자들의 주장 :
AI로 인류의 한계를 뛰어넘는다

AI 낙관론자들의 핵심 주장은 AI가 인류 역사상 가장 혁명적인 도구가 될 것이며, 시기상조의 규제는 이러한 혁신의 잠재력을 제한할 수 있다는 것이다. 이들은 특히 AI가 의료, 교육, 환경 등 인류의 난제 해결에 결정적 기여를 할 수 있다고 본다. 실제로 AI는 이미 암 진단, 신약 개발, 기후 변화 예측 등에서 놀라운 성과를 보여주고 있다. 구글의 딥마인드는 단백질 구조 예측에서 50년간의 난제를 해결했고, IBM 왓슨은 일부 암 진단에서 90% 이상의 정확도를 보이고 있다.

이러한 AI 낙관론은 앞서 언급한 이전 시대의 기술 낙관론과는 질적으로 다른 특징을 보인다. 19세기 산업 혁명기의 기술 낙관론이 물질적 풍요와 생산성 향상에 초점을 맞추었다면, 20세기 컴퓨터 혁명기의 낙관론은 정보의 민주화와 커뮤니케이션의 확장을 강조했다. 반면 AI 낙관론은 인간의 지적 능력과 창조성 자체의 증강을 약속한다. 이는 1장에서 제시한 AI의 도전 중 첫 번째-인간의 인지와 의사결정 과정 자체를 조정-에 대한 정반대의 해석이다.

더욱 주목할 만한 차이는 AI 낙관론이 가진 '초월적' 성격이다. 이전의 기술 낙관론이 현실적 문제 해결에 초점을 맞추었다면, AI 낙관론은 인간의 생물학적 한계 자체를 뛰어넘을 가능성을 제시한다. 특히 AGI(범용 인공지능)의 등장 가능성은 인류 역사상 처음으로 인간보다 뛰어난 지적 존재의 출현을 예고한다. 이러한 전망은 이전 시대의 낙관론과는 비교할 수 없는 수준의 근본적 변화를 시사한다.

규제 유보론 :
규제는 아직 시기상조다

규제 유보론의 첫 번째 논거는 AI 기술의 미성숙성이다. 현재의 AI는 여전히 발전 초기 단계에 있으며, 이 시점에서 규제의 틀을 확립하는 것은 시기상조라는 것이다. 오픈AI의 샘 알트먼Sam Altman은 AI의 진정한 잠재력과 위험을 완전히 이해하지 못하고 있는 상황에서, 섣부른 규제보다는 더 많은 실험과 학습이 필요하다는 입장을 보이고 있다.

두 번째 논거는 규제의 실효성 문제다. AI는 전통적인 산업 기술과 달리 소프트웨어 형태로 존재하며 빠르게 진화한다. 따라서 기존의 규제 방식으로는 AI를 효과적으로 통제하기 어렵다는 것이다. 더구나 국가별로 상이한 규제는 글로벌 AI 발전을 저해할 수 있다는 우려도 제기된다.

세 번째 논거는 국제 경쟁의 측면이다. 중국이 AI 개발에 대한 규제 없이 공격적으로 투자하는 상황에서, 서구 국가들의 엄격한 규제는 기술 패권 경쟁에서의 열위로 이어질 수 있다는 것이다. 이는 1장에서 지적한 두 번째 도전-빅테크의 전례 없는 권력 집중-과도 직결되는 문제다.

AI 낙관론자들은 대신 자율 규제와 윤리적 가이드라인을 통한 접근을 제안한다. 실리콘밸리의 주요 AI 기업들은 이미 AI 윤리 위원회를 설치하고 개발 원칙을 수립하는 등 자발적인 노력을 기울이고 있다. 이들은 이러한 접근이 혁신을 저해하지 않으면서도 AI의 안전한 발전을 보장할 수 있다고 주장한다.

반기술적 대응 :
AI가 인류를 위협할지도 모른다

이러한 숭기술적 낙관론과 규제 유보론에 정면으로 맞서는 것이 반기술적 입장의 AI 두머스 AI Doomers다. 테드 카진스키Ted Kaczynski로부터 시작하여 오늘날의 AI 위험 경고자들까지, 이들은 AI 기술이 인류의 자유와 생존 자체를 위협할 수 있다고 주장한다.

제3의 기술 순환에서 반기술 운동은 이전 순환들과 마찬가지로 강력한 형태로 나타나고 있다. 페이스북(현 메타)의 급성장, 애플의 모바일 혁명, 아마존의 유통 지배, 구글의 검색 독점 등으로 상징되는 이 시기는, 기술 기업들이 전례 없는 권력을 획득하면서 시작되었다. 여기에 2022년 이후 AI의 폭발적 발전이 더해지면서, 반기술 운동은 더욱 강력한 형태로 부활하고 있다.

카진스키의 핵심 논지는 현대 기술이 인간을 '권력 과정'으로부터 소외시킨다는 것이다. 그는 인간이 자신의 생존을 위해 직접 노력하고 성취하는 과정이 행복의 본질이라고 보았다. 그러나 현대 기술은 이러한 과정을 자동화하고 통제함으로써, 인간을 수동적 소비자로 전락시킨다는 것이다. 특히 그는 AI와 같은 첨단 기술이 이러한 소외를 극단적 수준으로 심화시킬 것이라 경고했다.

카진스키의 영향력은 그의 과격한 방식에도 불구하고, 오히려 빅테크와 AI 시대에 더욱 커지고 있다. 그의 예언이 현실화되고 있다고 보는 이들이 늘어나면서, '카진스키주의'를 표방하는 운동이 전 세계적으로 확산되고 있다. 특히 젊은 세대 사이에서 그의 저작이 재조명되면서, 기술 비판의 새로운 준거점으로 부상하고 있다.

탈기술적 대응 :
기술과 멀어지는 디지털 디톡스

현대의 탈기술 운동은 기술을 완전히 거부하거나 물리적으로 저항하는 반기술 운동과는 다른 접근을 보인다. 탈기술 운동은 기술과의 관계를 재정의하고 기술 의존도를 줄이면서 대안적 삶의 방식을 추구한다. 이러한 움직임은 크게 세 가지 흐름으로 나타난다.

첫 번째는 디지털 최소주의자들의 움직임이다. 칼 뉴포트, 트리스탄 해리스 등이 이끄는 이 흐름은 기술의 중독성과 주의력 파괴 문제를 체계적으로 분석하며 의식적인 기술 사용을 제안한다. 이들은 기술 자체를 악으로 보지는 않지만 무분별한 기술 사용이 인간의 집중력과 깊은 사고 능력을 훼손한다고 본다. 따라서 기술 사용에 명확한 경계를 설정하고 진정으로 가치 있는 활동에만 기술을 활용할 것을 주장한다.

두 번째는 웰빙과 정신 건강을 중시하는 디지털 디톡스 운동이다. 이 운동은 단순한 기술 거부를 넘어 새로운 문화적 실천을 만들어내고 있다. '디지털 샤바트'는 매주 하루를 완전한 디지털 단절의 날로 지정하여 명상, 독서, 대화에 집중하는 실천이다. 이는 유대교의 안식일 전통에서 영감을 받아 현대적으로 재해석한 것으로, 디지털 기기 없는 시간을 통해 진정한 휴식과 성찰의 기회를 제공한다. '도파민 디톡스'는 소셜미디어와 온라인 게임이 만드는 중독적 자극으로부터 벗어나 진정한 만족을 찾는 실천이다. 이러한 움직임은 특히 MZ세대 사이에서 빠르게 확산되고 있으며, 정신건강과 삶의 질 향상에 대한 관심이 높아지면서 더욱 주목받고 있다.

세 번째는 슬로우 라이프 운동과 의식적 기술 선택의 흐름이다. 슬로우 라이프 운동은 이탈리아의 슬로우 푸드 운동에서 시작되어 이제는 삶의 모든 영역으로 확장되었다. '슬로우 테크' 운동은 기술을 완전히 거부하는 대신 최소한의 필요한 기술만을 의식적으로 선택하여 사용한다. 이들은 기술이 삶의 속도를 과도하게 가속화시키고 인간다운 리듬을 파괴한다고 보며, 기술 사용에 있어서도 느림과 신중함을 추구한다. '디지털 미니멀리즘'은 온라인 활동을 필수적인 것으로 제한하고 오프라인에서의 풍요로운 경험을 추구하는 생활 철학이다. 이는 단순히 기술 사용량을 줄이는 것이 아니라, 기술이 진정으로 삶에 가치를 더하는 경우에만 선택적으로 사용하는 접근법이다.

특히 주목할 만한 것은 네오-코뮨 운동의 등장이다. 이 운동은 1960년대 코뮨 운동의 전통을 계승하면서도 현대적 해석을 시도한다. 이들은 완전한 탈기술이 아닌 '적정 기술'을 추구하며, 자급자족과 지역 순환 경제를 실험한다. 적정 기술은 환경친화적이고 지역 사회에 적합하며 지속 가능한 기술을 의미한다. 네오-코뮨 공동체들은 태양열 발전, 빗물 수집 시스템, 유기농업 기술 등을 활용하여 생태적이고 자립적인 삶을 추구한다. 특히 주목할 만한 것은 이들이 온-오프라인을 넘나드는 하이브리드 형태의 공동체를 만들어내고 있다는 점이다. 물리적 공간에서의 공동체 생활과 더불어 온라인 플랫폼을 통해 지식과 경험을 공유하고 네트워크를 구축하는 방식을 취하고 있다.

견기술적 대응 :
이제는 AI 규제가 필요하다

제3순환기의 견기술적 대응은 두 단계의 규제 움직임으로 구체화되고 있다. 첫 번째 단계는 2010년대 후반부터 본격화된 빅테크 규제이고, 두 번째 단계는 2022년 이후 급부상한 AI 규제다.

빅테크 규제는 이미 상당한 성과를 거두고 있다. EU의 GDPR(일반개인정보보호법)은 2018년 5월 25일 시행되어 개인정보 보호의 글로벌 스탠다드를 수립했다. GDPR은 위반 시 전 세계 연간 매출액의 4% 또는 2천만 유로 중 높은 금액을 과징금으로 부과하는 강력한 제재 조치를 담고 있으며, 구글은 2019년 1월 프랑스에서 GDPR 위반으로 5천만 유로(약 653억 원)의 과징금을 부과받기도 했다. 또 EU의 디지털서비스법DSA은 2024년 2월 17일부터 완전 시행되어 온라인 플랫폼의 투명성과 안전성을 강화하고 있으며, 디지털시장법DMA은 구글, 애플, 메타, 아마존 등 주요 빅테크 기업을 '게이트키퍼'로 지정하여 시장 지배력 남용을 방지하고 있다.

미국에서도 연방거래위원회FTC와 법무부가 빅테크 기업들을 상대로 강력한 반독점 소송을 진행하고 있다. 2024년 8월 5일 연방법원은 구글의 검색 시장 독점을 인정하는 역사적 판결을 내렸다. 구글이 애플 등에 검색 엔진 기본 설정 대가로 연간 200억 달러를 지급한 것이 독점 유지 행위로 판단된 것이다. 이는 1990년대 마이크로소프트 반독점 소송 이후 미국 빅테크를 상대로 한 최대 규모의 승소 사례다. 메타(페이스북)는 2024년 11월 연방법원에서 인스타그램과 왓츠앱 인수를 둘러싼 반독점 소송이 본격 시작되었으며, FTC는 메타가 경쟁사를 제거하기 위해 이들을 인수했다고 주장하고 있다.

반면 AI 규제는 아직 초기 단계에 있으며, 많은 도전 과제에 직면해 있다. EU AI 기본법(EU AI Act)은 2024년 3월 유럽의회에서 통과되고 5월 유럽이사회에서 최종 승인되어 2024년 8월 1일부터 단계적으로 시행되기 시작했다. 이 법은 세계 최초의 포괄적 AI 규제로서 AI 시스템을 위험도에 따라 4단계로 분류한다. 수용 불가 위험 AI 시스템은 2025년 2월 2일부터 전면 금지되며, 범용 AI에 대한 규칙은 2025년 8월 2일부터, 고위험 AI 시스템에 대한 규칙은 2026년 8월 2일부터 시행된다. 수용 불가 위험 AI에는 인간의 존엄성과 기본권을 침해하는 시스템이 포함되고, 고위험 AI에는 생체 인식, 중요 인프라, 교육, 필수 서비스 등에 사용되는 AI 시스템이 해당된다.

EU AI 기본법은 고위험 AI 시스템의 공급자와 배포자에게 지속적인 위험 관리 시스템 구현, 시판 후 모니터링 계획 수립, 기본권 영향 평가 수행 등의 의무를 부과한다. 또한 범용 AI 모델 제공자들은 시스템적 위험 평가와 완화 조치를 취해야 하며, 교육 데이터에 대한 요약 정보를 제공해야 한다. 하지만 AI의 빠른 발전 속도와 광범위한 적용 범위로 인해, 효과적인 규제 방안을 마련하는 것이 쉽지 않은 상황이다. EU 집행 위원회는 여전히 시판 후 모니터링 계획 및 교육 데이터 요약과 같은 세부 요구사항에 대한 추가 지침을 발표해야 하는 상황이다.

미국의 경우 연방 차원의 포괄적 AI 규제법은 아직 제정되지 않았으며, 주로 행정부의 행정 명령과 각 주별 개별 법안을 통해 AI 규제에 접근하고 있다. 중국 역시 AI 규제보다는 AI 발전을 우선시하는 정책 기조를 유지하고 있어, 현재로서는 EU가 AI 규제의 글로벌 표준을 주도하고 있는 상황이다. 그러나 EU의 AI 기본법도 이제 막 시행 단계에 접어들었기 때문에, 실제 규제 효과와 한계는 향후 몇 년간의 시행 과정을 통해 검증될 예정이다.

선기술적 대응 :
인간의 가능성을 확장하는 도구로서의 AI

AI에 대한 숭기술, 반기술, 탈기술, 견기술의 네 가지 대응이 각각의 한계를 보이는 가운데, 기술 인간화의 접근은 AI 시대에 가장 생산적인 대안으로 부상하고 있다. 선기술적 대응인 기술 인간화는 AI를 거부하거나 맹목적으로 수용하는 대신, 인간의 창조성과 자율성을 확장하는 도구로 전환하려는 시도다.

이미 일부 크리에이터와 개발자들은 선기술적 실험을 시작하고 있다. 예를 들어, 오픈 소스 AI 개발자들은 스테이블 디퓨전Stable Diffusion과 같은 생성형 AI를 누구나 접근하고 수정할 수 있는 도구로 만들어 기술의 민주화를 추진했다. 한국의 일부 크리에이터들은 AI를 단순한 자동화 도구가 아닌 창작의 협력자로 활용하는 실험을 진행 중이다.

기술 인간화의 접근은 1장에서 제시한 세 가지 도전에 대해 새로운 원칙으로 대응한다. AI가 인간의 인지 과정을 조정하려는 도전에는 '자율성'의 회복으로, 빅테크의 권력 집중에는 '공동체성'의 강화로, 기술의 편재적 영향력에는 '창조성'의 확장으로 맞선다. 이러한 세 가지 원칙-자율성, 창조성, 공동체성-은 AI를 진정한 의미에서 인간화하는 핵심 기준이 된다.

여기에서 중요한 건 AI가 인간을 대체하는 것이 아니라, 인간의 창조적 능력을 확장하는 협력자가 되어야 한다는 것이다. 이는 AI를 단순한 자동화 도구가 아닌, 인간과 함께 새로운 가능성을 탐색하는 파트너로 바라보는 관점이다.

현재 등장하고 있는 크리에이터 문화는 이러한 선기술적 대응의 가능성을 보여주는 중요한 사례다. 이러한 선기술적 실천이 본격적으로 전개되기 위해서는 먼저 현재 AI 거버넌스가 직면한 근본적 한계를 이해해야 한다. 다음 장에서는 왜 현재의 AI 거버넌스가 자율성 보호에만 머물러 있는지, 그리고 창조성과 공동체성 차원의 접근이 왜 필요한지를 다룬다. 이를 바탕으로 자율성, 창조성, 공동체성이라는 세 가지 기술 인간화 원칙이 어떻게 새로운 거버넌스 프레임워크로 작동할 수 있는지 살펴보자.

3장
AI를 통제하려는 시도는 왜 실패하는가

AI 시대의 견기술적 대응을 공식적으로는 AI 거버넌스라고 칭한다. AI 거버넌스는 각국의 법적 규제, 국제기구의 가이드라인, 기업의 자율 규제, 시민 사회의 감시 등 다양한 견기술적 대응들을 하나의 일관된 체계로 통합하려는 시도다.

각국 정부와 국제기구들이 이러한 통합적 거버넌스 프레임워크를 적극적으로 개발하고 있지만, 현재의 AI 거버넌스는 근본적인 한계에 부딪친 상태다. 지금의 접근법만으로는 AI 기술이 인간 경험에 미치는 보다 깊은 차원의 영향을 충분히 다루기 어렵다. 특히 1장에서 제시한 세 가지 도전에 대응하는 데 있어서, 현재의 거버넌스 논의는 자율성 보호에만 집중되었을 뿐 창조성과 공동체성 차원의 고려가 현저히 부족한 상황이다.

ESG 패러다임에 갇힌
AI 거버넌스

현재 AI 거버넌스 논의는 AI 안전Safety, AI 보안Security, AI 윤리Ethics의 세 영역을 중심으로 전개되고 있다. AI 안전은 AI 시스템이 의도한 대로 작동하고 예상치 못한 해를 끼치지 않게 하는 것, AI 보안은 AI 시스템을 악의적 공격이나 오용으로부터 보호하는 것, AI 윤리는 AI 개발과 사용에 도덕적·사회적 가치를 적용하는 것을 의미한다.

AI 안전 분야에서는 설명 가능한 AI XAI, Explainable AI가 핵심 이슈로 부상하고 있다. McKinsey 연구에 따르면, 응답자의 40%가 설명 가능성을 생성형 AI 도입의 주요 위험 요소로 식별하고 있으며, XAI는 AI 시스템의 '블랙박스' 특성을 해결하고 의사결정 과정의 투명성을 높이려는 시도로 주목받고 있다. XAI의 주요 적용 영역은 운영 위험 완화, 규제 준수 및 안전성 확보, 지속적 개선, 이해관계자 신뢰 구축, 사용자 채택 증진 등으로 구성되어 있다.

AI 보안 영역은 사이버 공격, 데이터 유출, 적대적 공격

adversarial attack 등으로부터 AI 시스템을 보호하는 것을 목표로 한다. 이 분야의 주요 관심사는 AI 모델의 견고성robustness 확보, 프라이버시 보호, 악의적 사용 방지, 데이터 보안 강화 등이다. 특히 대규모 언어 모델과 생성형 AI의 확산에 따라 모델 보안, 프롬프트 인젝션 방지, 데이터 독성 탐지 등이 새로운 보안 과제로 대두되고 있다.

AI 윤리 분야는 공정성fairness, 책임성accountability, 투명성transparency 등의 원칙을 중심으로 발전해왔다. Deloitte의 AI 윤리 프레임워크와 같이 현재의 접근법은 주로 편향 방지, 차별 금지, 해악 최소화에 초점을 맞추고 있으며, AI 생명 주기 전반에 걸친 윤리적 가이드라인과 거버넌스 체계 구축에 집중하고 있다. 주요 논의 영역은 알고리즘 공정성, 인간 존중, 사회적 책임, 투명성 및 설명 가능성 등이다.

이러한 접근법은 본질적으로 ESG(환경, 사회, 거버넌스) 프레임워크와 상당한 연관성을 보인다. ESG는 위험 관리, 규제 준수, 책임성에 초점을 맞춘 기업의 사회적 책임CSR 패러다임에 기반하고 있기 때문이다. CSR의 핵심은 기업이 단순한 법적 준수를 넘어, 사회와 환경에 미치는 영향에 대해 책임을 지고, 다양한 이해관계자의 이익을 고려해야 한다는 것이다.

그러나 CSR 접근법의 근본적 한계는 '해를 끼치지 않음'

에 초점을 맞춘다는 점이다. 이는 소극적 방어 전략으로, AI 기술의 부정적 영향을 최소화하고 위험을 관리하는 데는 중요한 역할을 하지만, AI가 인간과 사회에 기여할 수 있는 적극적 잠재력을 최대화하는 데는 한계가 있다. 현재의 AI 거버넌스가 주로 'AI가 무엇을 하지 말아야 하는가'에 집중하고 있는 반면, 'AI가 무엇을 할 수 있는가'에 대한 논의는 상대적으로 부족한 이유가 여기에 있다.

자율성 보호에 머물러 있는 현실

현재 AI 거버넌스의 한계는 AI 전문가들 사이의 근본적인 관점 차이에서도 명확히 드러난다. 필드의 연구에 따르면, AI 전문가들은 "통제 가능한 도구로서의 AI(AI as Tool)"와 "통제할 수 없는 행위자로서의 AI(AI as Agent)"라는 두 가지 상반된 관점으로 나뉘어 있다.

"통제 가능한 도구로서의 AI" 관점은 AI를 다른 소프트웨어나 도구와 유사하게 보며, "미래 AI는 자체 목표 없이 도구로 기능할 것"이라고 믿는다. 반면 "통제할 수 없는 행위자로서의 AI" 관점은 미래 AI를 '도구'보다 '종(species)'에 가까운 것으로 보며, "충분히 발전된 AI에서 자기 보존 및 제어 욕구가 자발적으로 출현할 것"이라고 우려한다.

흥미롭게도 AI 기술 개발의 높은 전문성을 가진 전문가들 중 상당수가 AI 안전 개념에 대한 인식이 상대적으로 낮았다. 예를 들어, AI 전문가의 63%가 "도구적 수렴instrumental convergence"이라는 AI 안전의 기본 개념을 들어본 적이 없다고 답했다. 이는 기술 개발과 안전 연구 사이의 심각한 소통 부족을 보여준다.

그러나 이 논쟁 자체가 보여주는 것은 AI를 위험 관리의 대상으로만 바라보는 시각의 한계다. 두 관점 모두 AI가 인간 삶에 기여할 수 있는 긍정적 측면보다는 통제와 위험성에 초점을 맞추고 있다. 이는 1장에서 제시한 세 가지 도전 중 첫 번째인 '인간의 인지와 의사결정 과정 조정'에 대한 대응이 주로 자율성 보호 차원에서만 이루어지고 있음을 의미한다.

증거 기반
AI 정책의 함정

캐스퍼, 크루거, 해드필드-메넬이 2025년 발표한 '증거 기반 AI 정책의 함정Pitfalls of Evidence-Based AI Policy' 연구는 증거 기반 AI 정책의 또 다른 한계를 보여준다. 이들이 제시한

15가지 증거 추구 정책 목표를 분석해보면, 대부분이 위험 관리와 통제에 초점을 맞추고 있음을 알 수 있다.

논문이 제시한 15가지 증거 추구 정책 목표는 AI 거버넌스 기관 설립, 모델 등록, 모델 명세 및 기본 정보 공개, 내부 위험 평가, 독립적인 제3자 위험 평가, 사회에 대한 위험 최소화 계획, 배포 후 모니터링 보고서, 보안 조치, 컴

증거 추구 AI 정책의 현황

	브라질	캐나다	중국	유럽연합	한국	영국	미국
1. AI 거버넌스 기관 설립	O	✔	O	✔	✔	✔	✔
2. 모델 등록	×	×	✔	✔	✔	×	O
3. 모델 명세 및 기본 정보 공개	O	O	O	✔	O	×	×
4. 내부 위험 평가	✔	O	O	✔	✔	×	×
5. 독립적인 제3자 위험 평가	×	×	O	O	O	×	×
6. 사회에 대한 위험 최소화 계획	O	×	O	✔	O	×	×
7. 배포 후 모니터링 보고서	×	×	×	✔	×	×	×
8. 보안 조치	×	×	O	✔	×	×	×
9. 컴퓨팅 사용량 공개	×	×	×	✔	×	×	O
10. 종료 절차	✔	O	O	O	×	×	×
11. 문서화 가용성	×	×	×	✔	×	×	×
12. 문서화 비교 제도	×	×	×	×	×	×	×
13. AI 생성 콘텐츠 라벨링	×	×	✔	O	O	×	×
14. 내부 고발자 보호	×	×	✔	✔	×	×	×
15. 사고 보고	✔	×	×	✔	×	×	×

출처: 캐스퍼, 크루거, 해드필드-메넬 외, 「증거 기반 AI 정책의 함정」, arXiv, 2025.

퓨팅 사용량 공개, 종료 절차, 문서화 가용성, 문서화 비교 제도, AI 생성 콘텐츠 라벨링, 내부고발자 보호, 사고 보고 등이다.

15가지 증거 추구 정책 목표는 AI 거버넌스의 세 가지 핵심 영역에 따라 분류할 수 있다.

AI 안전Safety 영역에는 내부 및 외부 위험 평가(4, 5번), 위험 최소화 계획(6번), 모니터링(7번), 종료 절차(10번), 사고 보고(15번) 등이 포함되며, 이는 AI 시스템이 의도한 대로 작동하고 해를 끼치지 않도록 보장하는 정책들이다.

AI 보안Security 영역에는 보안 조치(8번)와 컴퓨팅 사용량 공개(9번)가 해당하며, 이는 시스템을 악의적 공격이나 오용으로부터 보호하는 정책들이다.

AI 윤리Ethics 영역에는 모델 등록(2번), 모델 정보 공개(3번), 문서화 관련 정책(11, 12번), 콘텐츠 라벨링(13번), 내부 고발자 보호(14번)가 포함되며, 이는 투명성, 책임성 등 도덕적·사회적 가치와 관련된 정책들이다. 한편 AI 거버넌스 기관 설립(1번)은 이 세 영역을 모두 아우르는 일반적인 거버넌스 체계에 해당한다.

분석 결과에 따르면 유럽 연합EU이 가장 포괄적인 규제 중심 접근법을 취하고 있으며 15개 정책 중 약 10개를 완전히 또는 부분적으로 도입했고, 한국과 중국은 중간 수준으로 여러 정책을 도입했다. 반면 미국, 영국, 캐나다, 브라질은 상대적으로 적은 수의 정책을 도입했다. 특히 모든 국가가 공통적으로 부족한 영역은 문서화 비교 제도(12번), 제3자 위험 평가(5번), 컴퓨팅 사용량 보고(9번) 등이었으며, 이는 AI 위험에 관한 증거를 수집하기 위한 정책을 모든 국가가 더욱 강화할 필요가 있다는 사실을 시사한다.

이러한 정책들은 모두 AI 시스템의 투명성과 책임성을 높이는 데 기여하지만, 본질적으로는 자율성 침해를 방지하는 소극적 접근에 머물러 있다. 더 근본적인 문제는 '증거 기반의 AI 정책'이라는 개념 자체가 역설적으로 실제적인 AI 규제를 '거부' 또는 '지연'시키는 효과를 가질 수 있다는 점이다. '충분한 증거가 없다'는 이유로 규제를 지연시키는 것은 필요한 증거를 수집하는 능력을 손상시키는 악순환을 만들 수 있다.

테이블에 나타난 정책들은 대부분 위험 관리와 통제에 초점을 맞추고 있으며, AI가 인간 역량을 강화하고 다양성을 증진하는 방향으로 발전하도록 유도하는 정책적 고려는 상대적으로 미흡하다.

창조성과 공동체성
기준의 부재

현재 AI 거버넌스의 가장 심각한 한계는 1장에서 제시한 세 가지 도전 중 두 번째와 세 번째, 즉 '전례 없는 권력 집중'과 '불가시적이고 편재적인 영향력'에 대한 대응이 현저히 부족하다는 점이다. 즉 창조성과 공동체성 차원의 고려가 결여되어 있는 상황이다.

창조성 차원에서 보자면, 현재의 거버넌스 논의는 AI가 인간의 창조적 능력을 어떻게 확장하고 증진할 수 있는지에 대한 고려가 부족하다. 대부분의 정책은 AI가 기존 창작물을 모방하거나 도용하는 것을 방지하는 데 초점을 맞추고 있지만, AI와 인간이 협력하여 새로운 형태의 창조적 가능성을 열어가는 방향에 대한 논의는 거의 찾아볼 수 없다. 이러한 동향은 AI를 단순히 위험 요소로만 바라보는 관점의 한계를 보여준다.

공동체성 차원에서도 마찬가지다. 현재의 거버넌스는 주로 대형 기술 기업의 AI 시스템에 대한 규제에 초점을 맞추고 있지만, AI가 소규모 창작자와 커뮤니티의 역량을 어떻게 강화할 수 있는지, 공동체 기반의 AI 개발과 운영이 어떻게 가능한지에 대한 논의는 부족하다. 2장에서 언급한 '전례 없는 권력 집중' 문제에 대한 대응이 주로 기존 권력 구조를 규제하는 데 머물러 있고, 권력을 분산하고 민주화하는 적극적 방안에 대한 고려가 부족한 것이다.

위험 관리에서
가치 창출로 향하는 새 기준 ─────────

현재의 한계를 극복하기 위해서는 CSR의 위험 관리 접근법을 넘어서 CSV(공유 가치 창출)의 관점으로 전환할 필요가 있다. 마이클 포터와 마크 크래머가 제안한 CSV는 기업이 사회적 문제 해결과 경제적 가치 창출을 동시에 추구해야 한다는 관점으로, 단순히 '해를 끼치지 않음'을 넘어 '적극적으로 선을 행함'으로써 사회와 기업 모두에게 가치를 창출하는 것을 목표로 한다.

AI 거버넌스에서 CSV 관점을 적용하면, 1장에서 제시한 세 가지 기술 인간화 원칙인 자율성Autonomy, 창조성Creativity, 공동체성Community을 중심으로 한 ACC 프레임워크가 필요하다는 결론에 도달한다.

자율성 차원에서는 현재의 소극적 보호를 넘어서 적극적 확장으로 나아가야 한다. AI가 인간의 의사결정을 대체하는 것이 아니라, 인간이 더 나은 판단을 할 수 있도록 지원하고, 개인의 선택권과 통제권을 실질적으로 강화하는 방향으로 발전해야 한다. 개인의 자율권은 단순히 AI의 투명성을 높이는 것을 넘어, AI와 인간의 상호 작용 방식 자체를 인간 중심으로 재설계하는 것을 의미한다.

창조성 차원에서는 AI가 인간의 창조적 능력을 확장하는 협력자 역할을 할 수 있도록 하는 거버넌스가 필요하다. 이는 저작권 보호나 표절 방지와 같은 소극적 조치를 넘어서, AI와 인간이 함께 새로운 형태의 창작물을 만들어내는 협업 모델을 지원하고 장려하는 정책을 포함한다. 또한 AI 도구에 대한 접근성을 높여 더 많은 사람들이 창조적 활동에 참여할 수 있도록 하는 것도 중요하다.

공동체성 차원에서는 AI 기술이 소수의 대형 기업에 집중되는 현상을 극복하고, 다양한 공동체와 커뮤니티가 AI 개발과 운영에 참여할 수 있는 구조를 만들어야 한다.

그러나 이러한 한계는 오픈 소스 AI 논의에서도 명확히 드러난다. MIT 기술 리뷰MIT Technology Review의 분석에 따르면, '오픈 소스 AI'라는 용어 자체에 대한 합의된 정의가 없어 대형 기술 기업들이 이 개념을 자신들의 필요에 맞게 조작할 수 있는 상황이다. 메타Meta의 라마 2Llama 2나 구글Google의 젬마Gemma처럼 '오픈 소스'라고 불리는 모델들도 실제로는 사용 제한 라이선스를 포함하고 있으며, 무엇보다 훈련 데이터에 대한 접근을 제한하고 있다. 이는 오픈 소스의 핵심 원칙인 '자유로운 사용, 연구, 수정, 공유'와 모순된다.

더 근본적인 문제는 고품질 훈련 데이터에 대한 접근이 AI 연구의 주요 병목이자 대형 기업들이 유지하려는 경쟁 우위라는 점이다. 결국 '오픈 소스 AI'라는 명목 하에서도 실제로는 소수 대기업의 지배 구조가 공고화되고 있으며, 오픈 소스 AI 개발 지원, 공동체 기반 AI 거버넌스 모델 실험, 지역 특성을 반영한 AI 서비스 개발과 같은 진정한 공동체 기반의 AI 개발은 요원한 상황이다.

현재의 AI 거버넌스가 주로 ESG 패러다임에 기반한 자율성 보호에 머물러 있는 상황에서, ACC 프레임워크는 AI 기술이 단순히 위험을 최소화하는 것을 넘어 인간의 자율성, 창조성, 공동체성을 적극적으로 증진함으로써 공유 가치를 창출해야 한다는 관점을 제시한다.

ACC 프레임워크는 기존의 견기술적 접근을 완전히 대체하는 것이 아니라, 자율성 보호라는 견기술적 성과를 토대로 삼되 창조성과 공동체성이라는 선기술적 확장을 통해 보다 포괄적인 거버넌스를 구축하려는 시도다. 나아가 AI 거버넌스를 한 단계 발전시키는 새로운 접근법이기도 하다.

4장
인간 중심 AI는 어떻게 탄생하는가

AI 시대에 대응하는 인간의 생산적인 대안으로서 선기술적 접근인 기술 인간화가 가장 부상하고 있다. 이제는 단순히 기술을 거부하거나 규제하는 것만으로는 부족하다. 생성형 AI 등 첨단 기술이 인간의 창조성과 판단력까지 영역을 넓히고 있는 상황에서, 우리에게 필요한 것은 기술을 인간 중심으로 재구성하려는 실천적 대안이다. 그렇다면 이제 앞서 살펴본 역사적 문화 운동들이 AI 시대에는 어떻게 진화하고 있는지, 또 새로운 선기술적 응전이 어떤 형태로 나타나고 있는지 살펴보자. 특히 자율성, 창조성, 공동체성이라는 세 가지 기준이 현실에서 어떻게 구현되고 있는지에 주목해야 한다.

모두를 위한 AI, 오픈 소스 운동

오픈 소스 운동은 AI 시대에 새로운 형태로 진화하고 있다. 과거 리눅스Linux와 아파치Apache가 독점적 소프트웨어에 대한 대안을 제시했듯이, 현재는 빅테크의 AI 독점에 맞서는 오픈 소스 AI 생태계가 형성되고 있다. 2024년 1월 중국의 딥시크DeepSeek 구글, 오픈AI와 견줄 만한 성능을 보이며 기술 독점이 아닌 공유와 협력이 더 나은 혁신을 만들어낼 수 있음을 증명했다.

허깅페이스Hugging Face는 이러한 진화의 대표적 사례다. 이 플랫폼은 AI 모델과 데이터셋을 누구나 자유롭게 공유하고 활용할 수 있는 '깃허브GitHub of AI' 역할을 하고 있다. 2024년 현재 50만 개 이상의 오픈 소스 AI 모델이 공유되고 있으며, 이는 구글이나 오픈AI의 폐쇄적 모델에 대한 강력한 대안이 되었다. 특히 다국어 지원과 저자원 환경 최적화에 초점을 맞춘 소형 언어 모델Small Language Model, SLM 개발을 통해 AI의 민주화를 추진하고 있다는 점이 인상적이다.

스테이블 디퓨전Stable Diffusion의 경우 이미지 생성 AI 분야에서 오픈 소스의 힘을 보여주는 사례다. 스테이빌리티 AIStability AI가 공개한 이 모델은 미드저니Midjourney나 달리

DALL-E 같은 상업적 서비스와 달리 누구나 자유롭게 수정하고 개선할 수 있다. 이로 인해 전 세계 개발자들이 참여하는 거대한 협력 네트워크가 형성되었고, 다양한 변형 모델들이 지속적으로 개발되고 있다.

모질라Mozilla의 커먼 보이스Common Voice 프로젝트는 음성 AI 분야에서 공동체성 원칙을 실현하고 있다. 시민들이 자발적으로 참여하여 다국어 음성 데이터를 수집하고 공유함으로써, 구글이나 아마존이 독점하던 음성 인식 기술을 민주화했다. 현재 100개 이상의 언어를 지원하며, 특히 자원이 부족한 언어들의 디지털 접근성을 크게 향상시키고 있다.

오픈 소스 AI 운동은 단순한 기술 공유를 넘어 AI 거버넌스의 새로운 모델을 제시하고 있다. 투명성, 접근성, 협력적 개발이라는 오픈 소스의 핵심 가치가 AI 개발에 적용되면서, 빅테크의 블랙박스 AI에 대한 실질적 대안이 되기도 했다. 그러나 구글이 안드로이드를 오픈 소스로 공개하면서도 핵심 서비스는 통제하고, 메타가 라마LLaMA 모델을 공개하면서도 자사 생태계 강화 전략으로 활용하는 등 빅테크 기업들의 영향력 확대 수단으로 변질될 위험도 존재한다.

누구나 내 손으로,
메이커 운동의 디지털 확장 ———————

기존의 메이커 운동도 AI 시대에 맞춰 진화하고 있다. 전통적인 메이커 문화가 3D 프린팅과 아두이노Arduino를 중심으로 했다면, 현재는 AI 도구와 결합하여 개인의 창조적 가능성을 획기적으로 확장해준다.

팹랩FabLab과 메이커스페이스들이 AI 도구를 적극 도입하고 있다. 전 세계 팹랩 네트워크에서는 AI 이미지 생성 도구로 디자인 아이디어를 구상하고, 이를 3D 프린팅으로 구현하는 워크숍을 진행한다. 참가자들이 텍스트로 원하는 제품을 설명하면 AI가 시각화해주고, 이를 바탕으로 실제 프로토타입을 제작할 수 있다.

개인 제작자들도 AI를 창작 파트너로 활용하는 실험을 확산하고 있다. 가구 디자이너들은 AI가 제안하는 형태에서 영감을 받아 새로운 디자인을 개발하고, 기존에는 생각하지 못했던 조합이나 패턴을 발견하여 창작의 폭을 넓히고 있다. AI 생성 이미지를 참고한 목재 가구 제작이나 도자기 디자인 등의 사례가 늘어나고 있으며, 이러한 제작 과정을 온라인에 공유하여 AI와 수공예의 결합 가능성을 보여주고 있다.

특히 주목할 만한 것은 '적정 AI 기술' 운동이다. 이는 에

른스트 슈마허의 적정 기술 철학을 AI에 적용한 것으로, 고비용·고복잡도의 대규모 AI 대신 지역 조건과 사용자 환경에 맞춘 작고 효율적인 AI 솔루션을 추구한다. 라즈베리 파이Raspberry Pi 같은 저가 하드웨어에서도 작동하는 경량화된 AI 모델 개발이 그 대표적 사례다.

네덜란드의 웨이그 디자인 랩Waag Design Lab에서는 시민들이 직접 AI 도구를 만들고 개선하는 '시민 AI' 프로젝트를 진행하고 있다. 참가자들은 자신의 일상 문제를 해결하는 맞춤형 AI 애플리케이션을 개발하며, 이 과정에서 AI 기술에 대한 이해와 통제력을 높여간다.

한계를 뛰어넘는
실험 정신, 해커 문화

해커 문화의 핵심 가치인 '기술의 창조적 전유'는 AI 시대에도 지속되고 있으나 그 형태와 대상은 바뀌었다. 과거 해커들이 폐쇄적 시스템의 보안을 뚫거나 소프트웨어를 개조했다면, 현재는 AI 알고리즘과 플랫폼을 창조적으로 활용하거나 전용하는 실험이 활발하다.

AI 알고리즘 해킹은 이러한 문화의 대표적 사례다. 개발자들이 의도하지 않은 방식으로 AI를 활용하여 새로운 가능성을 발견하는 것이다. 예를 들어, ChatGPT의 '프롬프트 해킹'은 모델의 제약을 우회하여 창의적 결과물을 얻는 기법으로 발전했다. 예술가들은 이를 통해 기존 AI의 한계를 뛰어넘는 실험적 작품을 창작하고 있다.

'적대적 기계 학습Adversarial Machine Learning' 기법을 예술 창작에 활용하는 시도도 늘어나고 있다. 원래 AI 시스템의 취약점을 찾기 위해 개발된 이 기법을 예술가들이 전용하여, AI가 인식하지 못하는 독특한 시각적 패턴이나 음향을 창작하는 것이다. 이는 기술의 의도된 사용을 벗어나 새로운 미적 가능성을 탐색하는 해커적 실천이다.

플랫폼 해킹도 중요한 흐름이다. 크리에이터들이 유튜브, 인스타그램, 틱톡 등의 알고리즘을 역이용하여 자신만의 콘텐츠 전략을 개발하고 있다. 이들은 플랫폼이 의도한 사용법을 넘어서 창조적이고 때로는 비판적인 방식으로 기술을 활용한다. 예를 들어, 일부 크리에이터들은 알고리즘의 편향성을 드러내는 실험적 콘텐츠를 제작하여 플랫폼 권력에 대한 비판적 성찰을 유도하고 있다.

해커스페이스와 디지털 아트 센터들도 AI 시대에 맞게 진화하고 있다. 독일 칼스루에의 지엑카엠Zentrum für Kunst und Medien Karlsruhe, ZKM은 AI 기반 예술 창작을 실험하는 예술가-기술자 협업 프로젝트를 운영한다. 이곳에서는 AI를 단순한 도구가 아닌 협업 파트너로 여기며, 인간과 기계의 창조적 대화를 통해 새로운 예술적 가능성을 탐구한다.

세계 각지의 해커스페이스들도 AI 윤리 해킹에 관심을 보이고 있다. AI 편향성을 탐지하고 완화하는 오픈 소스 도구를 개발하는 프로젝트들이 진행되고 있으며, 이는 기술적 역량을 사회적 가치 실현에 활용하는 해커 문화의 진화된 형태다.

새로운
선기술 운동의 등장

앞서 살펴본 세 가지 운동(오픈 소스, 메이커, 해커) 외에도, AI 시대 고유의 새로운 선기술 운동들이 등장하고 있다. 이들은 AI의 독특한 특성과 도전에 대응하여 나타난 혁신적 시도들이다.

먼저 디지털 웰빙Digital Wellbeing 기술 운동은 그 대표적 사례다. 구글의 디지털 웰빙 이니셔티브는 사용자의 주의력을 보호하고 플랫폼 중독을 줄이기 위한 UI 디자인을 개발하고 있다. 이는 기술이 인간의 웰빙에 미치는 영향을 고려한 새로운 설계 철학의 등장을 의미한다. 화면 시간 제한, 집중 모드, 감정적으로 안정적인 인터페이스 등이 대표적 기능이다.

AI 윤리 디자인 운동도 주목할 만하다. 이는 AI 시스템 설계 단계부터 윤리적 고려 사항을 체계적으로 반영하려는 시도다. 마이크로소프트의 'AI for Good' 프로그램이나 구글의 'AI 윤리 원칙'은 기업 차원의 노력이지만, 시민 사회와 학계에서도 독립적인 AI 윤리 도구와 가이드라인을 개발하고 있다. 알고리즘 임팩트 평가, 편향성 탐지 도구, 설명 가능한 AI 개발 등이 그 구체적 사례다.

지역 기반 AI 거버넌스 실험도 새로운 흐름 중 하나다. 스페인 발렌시아의 '발렌시아 AI 포 코로나Valencia AI4COVID' 프로젝트는 시민들이 자발적으로 참여한 데이터를 바탕으로 코로나19 확산 예측 모델을 개발했다. 이는 중앙 집중적 AI가 아닌 지역 공동체 기반의 민주적 AI 개발 모델을 제시했다. 유럽 각지에서도 유사한 시민 참여형 AI 서비스 개발 프로젝트가 확산되면서, 지역 차원의 AI 민주화 실험이 전 세계적으로 진행되고 있다.

탈플랫폼Post-Platform 운동도 중요한 시도다. 미러Mirror.xyz와 같은 웹3 기반 플랫폼들은 창작자가 콘텐츠를 발행하고 펀딩받으며, NFT로 유통할 수 있는 분산형 구조를 제공한다. 이 운동은 유튜브나 인스타그램 같은 중앙 집중적 플랫폼에 대한 대안을 제시하며, 창작자와 커뮤니티에게 기술 주권을 회복시켜주는 실험이다.

또 환경친화적 AI 개발 운동도 등장하고 있다. 특히 AI 모델 훈련과 운영에 소요되는 막대한 에너지 소비를 줄이기 위한 '그린 AI' 연구가 활발하다. 효율적인 알고리즘 설계, 재생 에너지 활용, 탄소 발자국 측정과 공개 등을 통해 AI의 환경적 지속 가능성을 추구하고자 하는 것이다.

이러한 다양한 새로운 운동들 중에서도 가장 중요하고 대표적인 시도는 크리에이터 경제의 등장이다. 크리에이터 경제는 앞서 살펴본 모든 운동들의 요소를 통합하면서도, AI 시대 기술 인간화의 가장 가시적이고 대중적인 모델을 제시하고 있다.

크리에이터들은 오픈 소스 AI 도구를 활용하여 창작하고, 메이커 정신으로 새로운 콘텐츠 형태를 실험하며, 해커 문화의 창조적 전용을 통해 플랫폼을 자신만의 방식으로 활용한다. 또한 디지털 웰빙을 고려한 콘텐츠 제작, 지역 기반 커뮤니티 형성, 탈플랫폼 실험 등 새로운 선기술 운동의 다양한 요소들을 실제 경제 활동과 결합하여 구현하고 있다.

기술 인간화를 실천하는
크리에이터 경제

크리에이터 경제는 단순한 새로운 직업군의 등장이 아니라, AI 시대 선기술적 실천의 가장 포괄적이고 혁신적인 모델이다. 이는 앞서 살펴본 네 가지 운동의 핵심 요소들을 하나의 실천 구조 안에서 통합하며, 3장에서 제시한 ACC 프레임워크의 세 원칙을 구체적으로 구현하고 있다.

오픈 소스 운동의 협력적 생산 모델은 크리에이터들이 AI 도구를 공유하고 개선하는 문화로 이어졌다. 메이커 운동의 실험 정신은 새로운 콘텐츠 형태와 플랫폼 활용법을 끊임없이 시도하는 크리에이터들의 태도에서 발견된다. 해커 문화의 창조적 전용은 플랫폼 알고리즘을 자신만의 방식으로 활용하는 크리에이터들의 전략에서 구현되고 있다.

특히 크리에이터 경제는 자율성, 창조성, 공동체성이라는 세 가지 기술 인간화 원칙을 동시에 실현하는 실천적 모델이다. 크리에이터들은 기존의 고용 관계를 벗어나 자율적으로 활동하며(자율성), AI를 창조적 파트너로 활용하여 새로운 콘텐츠를 만들어내고(창조성), 팬과 커뮤니티와의 직접적 관계를 통해 새로운 형태의 사회적 연결을 형성하고 있다(공동체성).

크리에이터 경제는 AI 시대 기술 인간화의 실천적 대안이 어떤 모습일 수 있는지를 보여주는 가장 중요한 사례이자, 미래 사회의 새로운 가능성을 탐색하는 핵심적인 실험 무대이기도 하다.

―― 5장 ――

유튜버, 인플루언서, 크리에이터의 시대가 온다

AI 시대의 기술 인간화를 위한 ACC 프레임워크와 선기술적 실천들은 현실에서 어떻게 구현되고 있을까? 가장 대중적이고 가시적인 형태가 바로 크리에이터 경제의 등장이다. 그렇다면 크리에이터들이 실제로 무엇을 하고 있는지, 그들의 창작과 경제 활동이 어떤 방식으로 이루어지고 있는지 구체적으로 살펴보자. 온라인에서 시작된 이들의 움직임은 오프라인과 도시 공간으로 확장되며 새로운 문화 생태계를 만들어내고 있다.

콘텐츠 소비자에서
생산자로 ─────────

크리에이터 경제란 개인이 디지털 플랫폼을 활용해 콘텐츠를 제작하고 수익화하는 경제 활동을 뜻한다. 유튜브YouTube, 인스타그램Instagram, 틱톡TikTok, 브런치 등에서 활동하는 크리에이터는 과거의 미디어 소비자에서 벗어나 능동적인 콘텐츠 생산자이자 경제 주체로 등장했다. 이들은 자신의 창의성을 발휘하고, 커뮤니티와 관계를 맺으며, 나아가 독립적인 브랜드를 형성해간다.

이러한 실천은 기술을 단순히 사용하는 수동적 사용자가 아니라, 그것을 재구성하고 공동체적 실천의 도구로 전환하는 능동적 존재로서의 크리에이터를 보여준다. 이들의 활동은 자율성, 창조성, 공동체성이라는 세 가지 핵심 원칙을 중심으로 전개되고 있다.

인공지능과
협업하는 창작자 ─────────

먼저 창조성 원칙의 실현을 살펴보자. 생성형 인공지능AI 시대에도 창조성은 인간 고유의 영역으로 남을 수 있을까? 많은 크리에이터들은 이에 대해 인공지능을 창조적 도구로

끌어들임으로써 응답하고 있다.

현재 텍스트 요약, 자막 생성, 썸네일 제작, 영상 편집, 스크립트 아이디어 초안 작성 등 다양한 인공지능 기반 툴이 콘텐츠 제작 과정에 활용되면서, 단순한 효율 향상을 넘어 창작 과정의 구조 자체를 변화시키고 있다.

예를 들어, 유튜버 '피지컬갤러리'는 AI 이미지 생성 도구를 활용해 썸네일 초안을 만든 후 자신의 미적 감각으로 재가공한다. 인스타그래머 '소소한일상'은 ChatGPT로 콘텐츠 아이디어를 브레인스토밍한 후 자신만의 스토리텔링으로 발전시킨다. 이들에게 AI는 창조성을 대체하는 것이 아니라, 그것을 협업적으로 증폭시키는 도구로 기능한다.

스테이블 디퓨전Stable Diffusion과 같은 오픈 소스 이미지 생성 인공지능은 디자이너와 예술가가 창의적 시도를 보다 빠르게 실현할 수 있도록 돕는다. 엘엠 스튜디오LM Studio와 같은 로컬 퍼스트 인공지능 툴은 개인정보를 보호하면서도 창작에 도움을 주는 협업 환경을 제공한다.

독립적 브랜드와
기술 선택권

자율성 원칙은 어떻게 구현되고 있을까? 크리에이터 경제는 기본적으로 자율성의 원리를 기반으로 작동한다. 고용 관계에 묶이지 않고 자신만의 리듬과 가치에 따라 작업하며, 수익 구조나 협업 방식, 심지어 사용 기술에 대해서도 선택권을 가진다.

실제로 많은 크리에이터들이 단일 플랫폼 의존을 벗어나기 위해 다각화된 전략을 구사하고 있다. 유튜브 중심의 알고리즘에 종속되지 않기 위해 자체 웹사이트, 뉴스레터, 유료 구독 모델 등을 구축하기도 한다.

크리에이터 '원지의하루'는 유튜브 수익과 함께 텀블벅 펀딩, 개인 온라인숍, 오프라인 워크숍 등 5가지 수익원을 운영한다. '북튜버 겨울서점'은 유튜브, 브런치, 개인 북클럽, 서점 큐레이션까지 다양한 채널을 통해 독자와 만난다.

일부 크리에이터들은 미러닷엑스와이지Mirror.xyz와 같은 웹3Web3 기반 툴을 이용해 수익과 소유권을 분산형 방식으로 운영하기도 한다. 엔에프티NFT 기반 유료 구독 모델을 실험하는 경우도 늘어나고 있다.

이는 플랫폼에 의해 통제받는 것이 아니라, 크리에이터 스스로 기술을 선택하고 설계하는 구조로의 이동을 보여준다.

팬과 창작자,
플랫폼을 넘어 연결되다

마지막으로 공동체성 원칙의 실천이다. 크리에이터는 단독으로 콘텐츠를 생산하는 존재가 아니다. 이들은 팬, 구독자, 후원자 등 다양한 참여자들과 상호 작용하며, 지속적인 공동 창작 생태계를 구축한다. 댓글, 팬 커뮤니티, 온라인 라이브 방송은 물론, 디스코드Discord 서버나 커뮤니티 기반 다오DAO 등이 이러한 공동체적 실천의 장이 되고 있다.

유튜버 '침착맨'의 경우 시청자들과 실시간으로 소통하며 콘텐츠를 함께 만들어간다. 댓글과 채팅을 통해 시청자 의견을 즉석에서 반영하고, 커뮤니티 게시판에서 팬들이 직접 콘텐츠를 제안하기도 한다.

'요리유튜버 백종원'은 레시피 영상을 올린 후 시청자들이 실제로 만든 결과물을 공유하고 피드백을 받는 선순환 구조를 만들었다. 최근 팬덤 관리는 이처럼 단방향 콘텐츠 소비가 아닌 쌍방향 창작 과정이다.

일부 크리에이터는 NFT 기반 커뮤니티를 통해 팬들과 공동 수익 구조를 실험하고 있다. 미러닷엑스와이지는 글을 출간하는 동시에 후원자와 커뮤니티를 자동 형성할 수 있는 구조를 제공하면서, 기술을 통해 새로운 사회적 관계를 형성하는 방식으로 공동체성을 구현했다.

오프라인과
어번 크리에이터의 등장

크리에이터 경제는 온라인을 넘어 오프라인 공간에서도 구현되고 있다. 독립 서점, 로컬 카페, 수제 공방, 소규모 전시 공간, 팝업 스토어 등 오프라인 공간에서, 그리고 로컬 푸드 브랜드, 동네 축제 기획, 지역 문화 프로그램, 마을 미디어 운영 등 도시와 동네에서 문화적 콘텐츠를 생산하는 사업자를 각각 오프라인, 어번 크리에이터라고 부를 수 있다.

▪ 오프라인 크리에이터의 실천

성수동의 '어니언'은 과거 공장이었던 공간을 복합 문화 공간으로 바꿔 전시, 공연, 워크숍을 진행한다. 공간 운영자는 동시에 콘텐츠 기획자이자 큐레이터 역할을 한다. 방문자들은 단순히 소비하는 것이 아니라 워크숍에 참여하고 창작 과정을 경험한다.

또 망원동의 '망원동 티라미수'는 작은 디저트 가게이지만, 사장이 직접 레시피 개발 과정을 SNS에 공유하고 고객들과 소통한다. 매장은 물리적 판매 공간인 동시에 브랜드 스토리를 경험할 수 있는 콘텐츠 공간이기도 하다.

이들은 콘텐츠를 직접 제작하고 공간을 플랫폼으로 활용하며 수익을 올린다는 측면에서 온라인 크리에이터와 동일한 경제 활동을 한다. 오프라인 크리에이터는 물리적 공간에서 직접적인 경험과 관계를 통해 가치를 창출한다.

- **어번 크리에이터의 지역 기반 실천**

어번 크리에이터는 지역의 문화적 자산과 공동체를 기반으로 독특한 콘텐츠를 생산한다. 대표적으로 '을지로 살리기 프로젝트'를 이끄는 활동가들은 을지로의 독특한 산업 생태계를 문화 콘텐츠로 재해석한다. 공구 상가 투어, 철판 체험 워크숍, 을지로 아티스트 레지던시 등을 기획하며, 이 과정에서 지역 상인들과 예술가들이 협업한다.

또한 작은 갤러리인 '연남동 223-14'는 동네 작가들의 작품을 소개하고 주민들이 참여할 수 있는 프로그램을 운영한다. 갤러리 운영자는 동시에 지역 문화 기획자 역할을 하며, 연남동만의 독특한 문화적 정체성을 만들어간다.

- **디지털과 물리적 공간의 창조적 결합**

주목할 만한 것은 오프라인, 어번 크리에이터들은 디지털 기술을 배제하는 것이 아니라 이를 오프라인 실천과 창조적으로 결합한다는 점이다. 이들은 인스타그램을 통한 시각적 스토리텔링, 유튜브를 통한 제작 과정 공유, 온라인 예약 시스템과 커뮤니티 플랫폼 활용 등을 통해 온라인과 오프라인의 경계를 넘나드는 하이브리드 실천을 전개한다.

'대림창고'는 과거 정미소였던 공간을 복합 문화 공간으로 재탄생시켰는데, 전시와 공연, 팝업 스토어가 공존하는 동시에 온라인에서는 실시간으로 전시 큐레이션 과정을 공유한다. 방문자들은 오프라인에서 작품을 경험하고, 온라인에서 작가와 소통하며, 커뮤니티에서 감상을 나누게 된다.

도시를 플랫폼으로 만드는 실험

크리에이터 경제의 가장 흥미로운 진화는 특정 지역들이 '크리에이터 타운'이라는 새로운 형태의 도시 공간으로 변화하고 있다는 점이다. 공간과 도시는 단순한 물리적 공간이나 인프라의 차원을 넘어, 문화 생산과 혁신의 독특한 생태계를 형성한다.

▪ 크리에이터 타운의 특징

크리에이터 타운은 기존의 창조 도시나 문화 도시와는 본질적으로 다른 개념이다. 창조 도시가 도시 전체를 단위로 하는 하향식 발전 전략이었다면, 크리에이터 타운은 보행 생활권 단위의 자생적 문화 생태계다. 또한 창조 도시가 전문가와 기획자 중심이었다면, 크리에이터 타운은 예술가, 창의적 소상공인, 크리에이터가 주도하는 상향식 발전을 특징으로 한다.

▪ 문화적 근접성과 우연한 만남

크리에이터 타운의 핵심은 그것이 제공하는 '문화적 근접성'이다. 이곳에서는 보행 가능한 범위 내에서 다양한 크리에이터들이 일상적으로 교류하고 협업할 수 있다. 이러한 근접성은 우연한 만남, 즉흥적 협업, 문화적 교차수분을 가능하게 한다.

성수동에서는 카페에서 우연히 만난 가구 디자이너와 영상 크리에이터가 협업하여 제작 과정 다큐멘터리를 만들기도 한다. 또 연남동에서는 독립 서점 사장과 일러스트레이터가 협력하여 동네 지도 프로젝트를 진행하기도 한다.

▪ 도시 자체가 콘텐츠

크리에이터 타운에서는 도시 자체가 콘텐츠가 된다. 크리에이터들은 지역의 역사, 건축, 일상생활을 소재로 독특한 콘텐츠를 생산한다. 이는 단순한 장소 마케팅을 넘어, 도시 문화의 진정성 있는 기록과 재해석이다.

을지로의 '을지사진관'은 낡은 간판과 골목을 배경으로

한 인물 사진을 전문으로 한다. 사진관 운영자는 을지로의 독특한 분위기를 살려 다른 곳에서는 찍을 수 없는 사진을 만든다. 홍대의 '클럽데이'는 홍대 클럽 문화를 기록하고 아카이빙하는 프로젝트를 진행한다.

• 복합적 수익 모델

크리에이터 타운의 또 다른 특징은 '복합적 수익 모델'이다. 크리에이터들은 온라인 콘텐츠 수익, 오프라인 공간 운영 수입, 교육 프로그램, 협업 프로젝트 등 다양한 수입원을 확보할 수 있다. 이는 디지털 플랫폼에만 의존할 때보다 훨씬 안정적이고 지속 가능한 경제 기반을 제공한다.

한남동의 '스페이스 바나나'는 공간 대여, 전시 기획, 워크숍 운영, 온라인 콘텐츠 제작을 동시에 진행하고 있다. 수익원이 다각화되어 있어 특정 분야의 매출 감소가 있어도 전체적으로는 안정적 운영이 가능하다.

• 문화적 다양성의 자연스러운 보존

크리에이터 타운의 또 다른 특징은 '문화적 다양성'의 자연스러운 보존이다. 각 지역의 고유한 역사와 문화는 크리에이터들의 창작 활동에 영감을 제공하고, 이는 다시 지역 문화의 진화로 이어진다. 이는 디지털 플랫폼이 만들어내는 문화적 획일화에 대한 자연스러운 대안이 된다.

- **자율적 생태계와 세대 간 전수**

특히 주목할 만한 것은 크리에이터 타운이 만들어내는 '자율적 생태계'다. 크리에이터들은 서로의 작업을 이해하고 지원하는 커뮤니티를 형성하며, 이는 공동의 문화적 실험과 경제적 협력으로 이어진다.

크리에이터 타운은 또한 '세대 간 전수'의 장이기도 하다. 망원동의 '서교예술실험센터'에서는 기존의 장인과 신진 크리에이터가 자연스럽게 교류하면서, 전통적 기술과 현대적 감각이 융합된다. 공간과 도시는 이처럼 문화의 지속 가능한 발전을 가능하게 하는 중요한 메커니즘이 된다.

AI와 협력하는
크리에이터 경제

크리에이터 경제는 단순한 새로운 직업군의 등장을 넘어, 기술과 인간의 관계를 재정의하는 실천적 모델을 제시하고 있다. 이들은 자율성, 창조성, 공동체성을 하나의 실천 구조 안에서 구현하며, 온라인-오프라인-도시라는 세 차원에서 통합적 실험을 전개한다. 이러한 현상들은 AI 시대에도 인간 중심적 기술 활용이 가능하다는 걸 보여주는 구체적 사례들이다.

인공지능 시대의 크리에이터 경제는 기술을 되돌리는 것이 아니라, 기술을 인간의 삶에 맞게 다시 구성하는 창조적 실천이다. 창작자들은 AI를 위협이 아닌 협력자로 받아들이고, 플랫폼을 수동적으로 이용하는 것이 아니라 능동적으로 재구성하며, 개인의 창작 활동을 공동체적 실천으로 확장해나가고 있다.

6장
우리는 어떻게
기술의 주인이 될 수 있을까

크리에이터 경제는 AI 시대 기술 인간화의 구체적이고 실천 가능한 모델을 보여주고 있다. 그러나 현실에서 크리에이터들이 직면하고 있는 문제들도 분명히 존재한다. 크리에이터 문화가 가진 한계와 도전, 그리고 이를 극복하기 위한 현실적 전략을 모색해보자.

자유로워 보이지만
자유롭지 않은 구조적 한계

- **플랫폼에 갇힌 창작자들**

크리에이터 경제의 가장 큰 한계는 여전히 빅테크 플랫

폼에 대한 깊은 의존성이다. 크리에이터들이 독립성과 자율성을 표방하지만, 실제로는 플랫폼 기업들의 생태계에 경제적으로 종속되어 있다.

한국경제 2020년 보도에 따르면, 당시 광고 수익을 올리는 국내 유튜브 채널 중 월 수익 700만원 이상으로 추정되는 구독자 10만 명 이상 채널은 3,829개로 전체의 6.8%에 그쳤다. 나머지 93%는 부업 수준의 불안정한 수입에 의존하거나 수익을 내지 못하고 있다. 더 심각한 것은 플랫폼의 정책 변화나 알고리즘 수정이 크리에이터의 수익에 직접적 타격을 준다는 점이다.

2022년 인스타그램이 릴스Reels 중심으로 알고리즘을 변경했을 때, 기존 피드 중심 크리에이터들의 조회수와 수익이 급감했다. 2023년 유튜브가 쇼츠Shorts 수익 배분 정책을 바꾸었을 때도 많은 쇼츠 크리에이터들이 경제적 타격을 받은 사실은 플랫폼이 제공하는 자율성이 얼마나 제한적인지를 보여준다.

• 경제적 불안정성과 양극화

두 번째 한계는 경제적 불안정성이다. 소수의 성공한 크리에이터를 제외하면 대다수가 불안정한 수입 구조에 시달리고 있다. 이는 전통적인 예술계의 불평등 구조가 디지털 플랫폼에서 더욱 극단적으로 재현되고 있다는 뜻이기도 하다.

특히 크리에이터 수익의 대부분이 광고에 의존하고 있어, 경제 상황 변화에 매우 취약하다. 2022년 경기 침체기에 많은 기업들이 광고비를 줄이면서 크리에이터들의 수익도 동반 하락했다. 또한 플랫폼별 수익 배분 구조의 차이로 인해 같은 조회수라도 크리에이터가 받는 실제 수익은 천차만별이다.

중견 유튜브 크리에이터들도 실제 수익은 많지 않으며, 생활비를 충당하기 위해 부업을 병행해야 하는 상황을 토로한다. 예를 들어 100만 조회수에 60만 원 수익을 올린다는 것이 업계에서 흔히 듣는 정보다. 이런 상황에서 크리에이터들이 번아웃에 시달리거나 창작을 포기하는 경우도 늘고 있다.

▪ 공간적 제약과 젠트리피케이션

세 번째는 공간적 제약이다. 크리에이터들의 활동 공간이 젠트리피케이션 등으로 인해 지속적으로 위협받고 있다. 특히 앞서 언급한 크리에이터 타운들이 주목받으면서 임대료가 급상승하고, 원래 있던 크리에이터들이 밀려나는 아이러니한 상황이 발생한다.

홍대 앞은 대표적인 사례다. 2000년대 초중반 홍대 앞은 저렴한 임대료를 바탕으로 다양한 인디 문화가 꽃피웠지만, 상업화가 진행되면서 많은 독립 공간들이 사라졌다. 성수동 역시 크리에이터들이 모여들면서 문화적 활기를 되찾았지만, 동시에 임대료 상승으로 기존 주민들과 소상공인들이 어려움을 겪고 있다.

연남동 갤러리 운영자들은 3년 전 월 200만 원이던 임대료가 현재 400만 원으로 올라 문화 공간으로는 감당하기 어려운 수준이라고 토로한다. 이는 크리에이터 문화의 성장이 역설적으로 그 기반을 파괴하는 모순적 상황을 보여준다.

크리에이터들이 직면한 새로운 도전

• 창조성의 근본적 재정의 요구

AI 기술의 발전은 크리에이터들에게 전례 없는 도전을 제시한다. AI가 그림을 그리고, 소설을 쓰고, 음악을 작곡할 수 있게 되면서 기존의 '창작'과 '창조성'의 정의 자체가 흔들리고 있다.

2023년 미드저니로 만든 AI 작품이 미술 공모전에서 1등을 차지한 사건은 시각 예술계에 큰 충격을 주었다.

ChatGPT가 소설과 시를 쓰고, AI 음악 생성 도구들이 점점 정교해지면서 "인간 창작자만의 고유한 가치가 무엇인가?"라는 근본적 질문이 제기되었다.

클라이언트들은 그래픽 디자이너들에게 AI로도 만들 수 있는 작업에 대해 높은 비용을 지불해야 하는지 의문을 표하기 시작했고, 단순 작업은 AI가 대체할 수 있다는 인식도 빠르게 확산되고 있다.

• **알고리즘적 통제의 은밀성과 강력함**

빅테크 플랫폼들의 알고리즘은 이전 시대의 편집자나 기획자보다 훨씬 은밀하고 강력한 통제력을 행사한다. 크리에이터들은 자신의 콘텐츠가 어떤 기준으로 평가되고 배포되는지 정확히 알 수 없으며, 이는 창작 활동의 예측 가능성을 크게 떨어뜨린다.

인스타그램의 '탐색Explore' 알고리즘이나 틱톡의 '포 유For You' 피드의 작동 원리는 일부만 공개되어 있을 뿐, 핵심 로직은 기업 기밀로 보호받고 있다. 크리에이터들은 "알고리즘이 좋아할 만한" 콘텐츠를 만들기 위해 끊임없이 추측하고 실험해야 한다.

유튜버들은 같은 품질의 영상이라도 조회수 성과가 천차만별이며, 알고리즘의 기준을 파악하기 어려워 창작 방향 설정에 어려움을 겪는다고 토로한다. 이러한 불투명성은 크리에이터들로 하여금 창작의 순수한 동기보다는 알고리즘 최적화에 매달리게 만든다.

▪ 블록체인 플랫폼의 미실현된 약속

탈중앙화 크리에이터 플랫폼이 제시했던 비전은 매력적이었다. 플랫폼의 45% 수수료를 크게 줄이고, 중앙화된 검열 없이 창작자가 자유롭게 콘텐츠를 발행하도록 했으며, 팬들이 창작자에게 직접 암호화폐로 후원할 수 있는 환경을 약속했다. 하지만 현실은 다르다.

DTube, Theta Network, LBRY와 같은 블록체인 동영상 플랫폼들은 주류 성공에 이르지 못했고, Friend.tech 같은 소셜 크리에이터 플랫폼들은 투기적 거래에 매몰되었다. 가장 큰 문제는 "더 나은 창작 플랫폼을 위한 토큰"이 "토큰 가격 상승을 위한 플랫폼"으로 변질되었다는 점이다. 창작자들도 좋은 콘텐츠 제작보다는 토큰 획득에 최적화된 활동에 집중하게 되었다.

더 심각한 것은 암호화폐 가격의 변동성이 창작자 수익의 불안정성을 가중시킨다는 점이다. 한 달에 받은 토큰이 다음 달에는 절반의 가치로 떨어질 수도 있어 장기적인 창작 계획을 세우기 어렵다. 복잡한 지갑 관리와 암호화폐 거래 과정도 일반 사용자들에게는 큰 진입 장벽이 되고 있다.

- **개인화 알고리즘이 만드는 새로운 소외**

AI 기술은 인간의 감정과 의미 부여 과정까지 데이터화하고 패턴화하려 한다. 특히 개인화 알고리즘은 사용자의 과거 행동을 바탕으로 미래의 선호를 예측하고 이에 맞는 콘텐츠를 제공한다. 이는 겉보기에는 맞춤형 서비스를 제공하는 것 같지만, 실제로는 개인을 과거의 패턴에 가두고 새로운 경험의 가능성을 제한하는 결과를 낳는다.

크리에이터들도 이런 알고리즘 환경에서 창작한다. 플랫폼은 과거 성과가 좋았던 콘텐츠와 유사한 것들을 더 많이 노출시키고, 이는 크리에이터들로 하여금 안전한 패턴을 반복하도록 유도한다. 새로운 시도나 실험적 콘텐츠는 상대적으로 불리한 위치에 놓이게 된다.

한계를 넘어서는
크리에이터들의 대응

- **플랫폼을 벗어나는 다각화 전략**

많은 크리에이터들은 현재 직면한 한계에 대응하기 위

해 실제로 다양한 전략을 개발하고 있다. 가장 대표적인 것이 수익원과 플랫폼의 다각화다.

유튜버들은 유튜브 광고 수익에만 의존하지 않고 크라우드 펀딩, 크리에이터 기술 교육과 워크숍, 브랜드 스폰서십 등 다양한 수익원을 운영한다. 한 곳에서 수익이 줄어도 다른 곳에서 보완할 수 있어 경제적으로나 심리적으로 안정적이라는 이유에서다.

한 플랫폼에만 의존하지 않는 것도 일반적인 대응이다. 유튜브, 틱톡, 인스타그램, 블로그 등 각 플랫폼의 특성을 살려 다른 형태의 콘텐츠를 제공하면서도, 전체적으로는 일관된 브랜드 정체성을 유지한다.

• 커뮤니티 기반 경제 모델 실험

두 번째 대응은 커뮤니티 기반 경제 모델의 실험이다. 광고 중심 수익에서 벗어나 팬들과의 직접적 경제 관계를 구축하려는 시도들이 늘어나고 있다.

팟캐스트 '그것은 알기 싫다'는 패트리온Patreon을 통해 유료 구독자들에게 확장 콘텐츠를 제공한다. 구독자들은 월 5,000원부터 50,000원까지 다양한 티어로 후원할 수 있으며, 각 티어에 따라 다른 혜택을 받는다. 구독 경제는 광고주가 아닌 실제 청취자들과 크리에이터 사이의 직접적 경제 관계다.

요리 유튜버들은 쿠킹 클래스와 레시피북 판매를 통해 수익을 다각화하고 있다. 유튜브는 브랜드 홍보 채널 역할을 하고, 실제 수익은 오프라인 활동에서 창출하며, 이는 광고 수익보다 안정적으로 통제 가능한 수익원으로 활용되고 있다.

▪ 기술 주권 확보를 위한 노력

세 번째는 기술 주권을 확보하려는 노력이다. 크리에이터들은 플랫폼에 완전히 의존하지 않고 자체적인 기술 인프라를 구축하고 있다.

인기 블로거들은 개인 블로그를 중심으로 뉴스레터, 유료 멤버십, 온라인 강의 등을 통합 운영하며, 소셜 미디어는 유입 채널로만 활용하고 핵심 콘텐츠와 커뮤니티는 자체 플랫폼에서 관리한다.

일부 크리에이터들은 블록체인 플랫폼의 한계에도 불구하고 비트코인이나 이더리움을 활용한 직접 후원 시스템을 실험하기도 한다. 새로운 토큰을 발행하는 대신 기존 암호화폐를 활용해 복잡성을 줄이면서도 중간 플랫폼을 거치지 않는 직접적 관계를 만들어가고 있는 것이다.

- **지역 기반 생태계 구축**

네 번째는 지역 기반 생태계 구축이다. 5장에서 살펴본 바와 같이, 많은 크리에이터들이 온라인 플랫폼의 불안정성에 대응하여 지역 기반 생태계를 구축하고 있다.

그 예로 연희동 '어반플레이'는 단순한 전시 공간을 넘어 크리에이터들이 협업할 수 있는 네트워킹 허브 역할을 한다. 플랫폼 자신도 크리에이터들과 협업하고 수익을 공유하는 모델을 실험하고 있다.

또 을지로의 '을지창고'는 지역 상인들과 크리에이터들을 연결하는 프로젝트를 진행한다. 을지로의 독특한 산업 생태계를 문화 콘텐츠로 만들어 지역 경제 활성화와 크리에이터 수익 창출을 동시에 추구하고 있다.

오프라인과 도시로 나아가야 하는 이유

- **AI 자동화에 대한 현실적 대응**

AI가 디지털 콘텐츠 생산을 급속히 자동화하는 현 시점에서, 오프라인과 도시로의 확장은 크리에이터들에게 새로운 활로를 제공한다. 각 지역의 고유한 장소성, 커뮤니티의 특수성, 물리적 경험의 진정성은 AI가 쉽게 침투할 수 없는 영역이다.

AI는 텍스트나 이미지를 생성할 수 있지만, 특정 장소에서만 가능한 경험이나 지역 커뮤니티와의 실제 관계는 대체할 수 없다. 을지로의 철판 체험, 익선동의 한옥 스테이, 성수동의 수제화 워크숍 같은 활동들은 그 지역에서만 가능한 고유한 가치를 가진다.

- **안정적 경제 기반 확보**

오프라인 확장은 또한 더 안정적인 경제 기반을 제공한다. 이를 통해 온라인 플랫폼의 알고리즘 변화나 정책 수정에 영향받지 않는 독립적 수익원을 확보할 수 있다.

카페 '모모스 커피'는 로스팅 체험 클래스, 원두 직판, 공간 대여 등을 통해 다양한 수익을 올린다. 인스타그램은 홍보 채널일 뿐, 실제 수익은 오프라인 활동에서 나온다. 모모스 커피 사례는 오프라인 확장이 온라인 플랫폼의 변동성에 영향받지 않는 안정적인 수익원이 되는 가능성을 보여준다.

- **진정성 있는 커뮤니티 형성**

오프라인 공간은 온라인보다 더 깊이 있는 관계와 커뮤

니티를 형성할 수 있게 한다. 얼굴을 마주하고 함께 시간을 보내는 경험은 온라인 팔로우나 구독과는 질적으로 다른 관계를 만든다.

많은 독립서점에서는 매주 독서 모임이 열린다. 온라인에서 책 리뷰를 보는 것과 실제로 만나서 책에 대해 이야기하는 것은 완전히 다른 경험이다. 참여자들은 책뿐만 아니라 삶의 이야기까지 나누며 깊은 유대감을 형성하게 된다.

기술을 길들이는 크리에이터들의 전략

▪ 기술을 도구화하는 창조적 전유

5장에서 살펴본 것처럼, 크리에이터들은 AI를 창작의 효율을 높이는 도구로 적극 활용하고 있다. 그러나 단순히 기술을 수용하는 것을 넘어, AI가 던지는 창조성 재정의라는 근본적인 도전에 맞서 크리에이터들은 '창조적 전유Creative Appropriation'라는 중요한 전략을 보여주고 있다. 창조적 전유는 기술을 주어진 대로 사용하는 것이 아니라, 자신의 창조적 목적에 맞게 재구성하고 변형하는 주체적인 실천이다.

AI 일러스트레이터들은 미드저니로 초안을 만든 후 자신만의 스타일로 재가공하며, 아이디어를 빠르게 시각화하는 도구로서 AI를 활용한다. 작업 과정의 효율성을 높이되 최종 작품의 감정과 메시지는 인간이 부여하는 방식으로 창조성의 위협이 아닌 확장의 도구로서 이를 활용하는 것이다.

유튜버들도 알고리즘을 역이용하는 전략을 개발한다. 알고리즘이 선호하는 요소들을 파악해서 활용하되, 그 안에서 자신만의 독특한 콘텐츠를 만드는 방식이다. '알고리즘 해킹'이라고 부르는 이런 전략은 플랫폼의 규칙을 활용하면서도 창작자의 주체성을 유지하는 방법이다.

▪ 연대를 통한 공동체의 힘

개인이 혼자서 거대한 기술 시스템에 맞서는 것의 한계를 인식하고, 같은 가치를 공유하는 사람들과의 연대를 추구하는 경우도 늘고 있다.

독일의 유튜버 '유니언'은 2018년 독일 크리에이터 요르크 슈프라베가 설립한 조직으로, 플랫폼의 정책 변화에 대응하기 위해 크리에이터들의 권익을 보호하는 활동을 펼치고 있다. 이 조직은 2019년 독일 금속노조와 협업하여 'FairTube' 캠페인으로 발전했으며, 플랫폼과의 협상력을 높이고 개별적으로는 약한 존재인 크리에이터들이 연대를 통해 목소리를 키우는 전략을 보여준다.

지역 기반 크리에이터 커뮤니티들도 비슷한 역할을 한다. 성수동 크리에이터들은 정기 모임을 통해 정보를 공유하고 협업 프로젝트를 기획한다. 젠트리피케이션 문제에 공동 대응하고, 지역 상권과의 상생 방안도 함께 모색하고 있다.

▪ 온라인과 오프라인의 통합

가장 성공적인 크리에이터들은 온라인과 오프라인, 개인과 공동체, 지역과 글로벌을 연결하는 통합적 접근을 보여준다. 단일한 영역에서의 활동이 아니라, 여러 차원을 동시에 아우르는 전략을 구사하는 것이다.

라이프스타일 크리에이터들은 인스타그램에서 일상을 공유하고, 유튜브에서 깊이 있는 콘텐츠를 제공하며, 오프라인에서는 워크숍을 진행하고, 지역에서는 커뮤니티 활동을 하는 방식으로 각 영역을 유기적으로 연결하여 시너지를 만들어낸다.

이런 다층적 실천은 위험을 분산시키는 동시에 더 풍부한 경험과 관계를 만들 수 있게 한다. 한 영역에서 문제가 생겨도 다른 영역에서 버틸 수 있고, 각 영역의 장점들이 서로를 보완해준다.

크리에이터 경제가
제시하는 미래

크리에이터 경제는 AI 시대 기술 인간화의 가능성과 구조적 한계를 동시에 지닌다. 블록체인 기술이 제시했던 탈중앙화 비전도 아직은 투기적 거품에 매몰되어 본래 목적을 달성하지 못하고 있다.

하지만 크리에이터들은 이를 극복하기 위한 창의적 전략들을 개발하고 있다. 이들의 실험은 기술을 거부하거나 단순히 수용하는 것이 아니라, 적극적으로 전유하고 재구성하는 '기술 길들이기'의 구체적 모델을 제시한다. 개인의 창조적 실천에서 시작해 공동체적 연대로 발전하고, 온라인과 오프라인을 통합하며, 지역과 글로벌을 연결하는 이들의 시도는 AI 시대에도 인간이 기술을 주도할 수 있다는 가능성을 보여주고 있다.

5부

기술을 인간적으로
쓰기 위한 우리의 선택

세 번의 순환이 남긴 교훈,
기술전환적 문화 운동의 힘

세 번의 순환을 통해 우리는 인류가 새로운 기술로 인해 어떤 위기를 겪었으며, 또 어떤 문화 운동을 통해 이를 극복했는지 배웠다. 기술은 끊임없이 인간에게 도전했으나 인간은 기술을 외면하지도, 무조건 수용하지도 않으며 함께 진화하고 발전해왔다. 기술의 인간화는 결코 불가능한 영역이 아니라는 것을 우리는 역사 속에서 확인한 셈이다. 다만 우리가 직면한 제3순환은 인간 본질을 건드리며 조금 더 새롭고 복잡한 형태로 다가오고 있다. 이에 대해 우리는 어떠한 문화 운동으로 응전해야 할 것인가.

1장
기술의 물결 속에서 우리가 배운 것

현재 크리에이터 경제 속에서 보여지는 실험들은 과연 새로운 현상일까, 아니면 더 큰 역사적 패턴의 일부일까? 19세기부터 현재까지 이어진 세 차례의 기술 순환은 인류가 새로운 기술에 어떻게 대응해왔는지를 보여준다. 각 순환은 새로운 기술의 등장, 그로 인한 인간성의 위기, 그리고 이를 극복하기 위한 문화 운동의 출현이라는 공통된 패턴을 보여주었다. 특히 주목할 점은 각 순환에서 기술 전환적 문화 운동이 가장 생산적인 대응이었다는 것이다.

세 번의 기술 혁명과
세 가지 문화의 응답

▪ 제1순환: 미술 공예 운동이 남긴 유산

제1순환의 미술 공예 운동은 산업 혁명의 기계화에 대응하여 기계를 예술적 창조의 도구로 전환했고, 이는 현대 산업 디자인의 기초가 되었다. 윌리엄 모리스의 모리스 앤 컴퍼니와 켐스콧 프레스는 당시 최신 제조와 인쇄 기술을 활용하되 장인적 감각으로 재해석한 대표적 사례였다.

이러한 접근은 단순한 과거의 유물로 사라지지 않고, 오늘날 애플의 디자인 철학에서 조나단 아이브의 작업에 이르기까지 '기능과 미학의 통합'이라는 원칙으로 계승되고 있다. 현재 활발한 메이커 운동 역시 미술 공예 운동의 직접적 계승이다.

브루클린의 수제 초콜릿 제조업체 '마스트 브라더스'는 미술 공예 운동의 장인 정신을 현대적으로 계승하면서 동시에 패키지 디자인과 브랜드 스토리텔링이라는 현대적 특성을 결합했다. 이는 과거 순환의 성과가 현재에도 살아있음을 보여준다.

미술 공예 운동이 확립한 핵심 원칙들은 오늘날까지 이어지고 있다. 기능성과 미적 가치를 조화시키는 기술과 예술의 통합, 대량 생산에 맞서 개성과 창의성을 중시하는 개인 창작자의 가치, 결과물뿐 아니라 만드는 과정 자체를 중요하게 여기는 작업 과정의 의미, 그리고 대량 생산의 획일성에 맞서는 고유성으로서의 지역성과 진정성이 그것이다.

▪ 제2순환: 대항문화 운동의 현재적 영향

제2순환의 대항문화 운동은 대중 사회와 컴퓨터 기술의 도전에 맞서 컴퓨터를 개인 해방의 도구로 재해석했으며, 이는 개인용 컴퓨터와 인터넷 혁명으로 이어졌다. 스튜어트 브랜드의 '전 지구 카탈로그'는 정보 기술을 개인의 자율성 확장을 위한 도구로 활용한 선구적 실험이었다.

홈브루 컴퓨터 클럽에서 시작된 개인용 컴퓨터 혁명은 스티브 잡스와 스티브 워즈니악 같은 인물들을 통해 기업가적 혁신으로 확산되었다. 리누스 토르발즈의 리눅스 개발과 팀 버너스-리의 월드와이드웹 무료 공개는 이 시기 협력과 공유 정신의 대표적 사례다.

대항문화 운동의 유산은 현재 디지털 문명의 핵심 토대를 형성하고 있다. 협력적 개발과 지식 공유를 중시하는 오픈 소스 문화, 기술을 통한 개인의 잠재력 실현을 추구하는 개인 역량 강화, 중앙집권적 통제에 맞서는 분산된 구조로서의 분산화 네트워크, 그리고 중간 매개체 없는 직접적 거래와 교환을 가능하게 하는 P2P 경제가 그것이다.

깃허브GitHub는 대항문화의 협력 정신을 코드 공유 플랫폼으로 구현하면서, 동시에 개별 개발자들이 자신만의 포트폴리오를 구축할 수 있는 현대적 생태계를 제공한다. 이는 과거와 현재가 어떻게 연결되는지를 보여주는 좋은 사례다.

▪ 제3순환: 크리에이터 문화의 통합적 계승

현재 진행 중인 제3순환의 크리에이터 문화는 앞선 두 순환의 핵심 요소들을 창조적으로 결합하고 있다. 미술 공예 운동의 개인 창조성 중시, 기술과 예술의 통합, 직접 제작과 판매 정신을 계승하는 동시에, 대항문화 운동의 기존 권위에 대한 도전, 공동체적 협력, 기술의 민주적 활용 가치를 받아들였다.

현재 크리에이터들이 AI 도구를 창작의 협력자로 활용하고, 온라인 플랫폼을 통해 전 세계와 연결되면서도 지역 커뮤니티와 깊은 관계를 유지하는 "글로컬" 방식은 이러한 두 전통의 창조적 종합을 보여준다. 지역에 뿌리를 두면서도 글로벌한 확산성을 갖는 창작 방식이 등장한 것이다.

앞서 살펴본 크리에이터들의 실천은 역사적 맥락에서 보면 결코 우연이 아니다. 이들이 보여주는 자율성, 창조성,

공동체성의 추구는 과거 두 순환의 문화 운동들이 추구했던 가치들을 현대적으로 구현한 결과라고 할 수 있다.

기술 인간화는
어떤 패턴으로 이루어졌나

▪ 중요한 건 기술이 아니라 맥락

세 순환 모두에서 문화 운동은 기술 자체를 바꾸는 것이 아니라, 기술의 의미와 사용 방식을 재정의했다. 즉 동일한 기술이라도 어떤 맥락에서 어떻게 사용되느냐에 따라 완전히 다른 사회적 효과를 낳을 수 있다는 것을 보여준 사례다.

미술 공예 운동은 산업 기계를 단순한 대량 생산 도구가 아닌 예술적 창조의 수단으로 재해석했다. 대항문화 운동은 컴퓨터를 관료적 통제의 도구가 아닌 개인 해방의 수단으로 전환했다. 또한 현재 크리에이터들은 AI를 인간을 대체하는 위협이 아닌 창조성을 확장하는 협력자로 활용하고 있다.

이는 기술 발전이 반드시 인간성의 상실로 이어지지 않으며, 적극적인 문화적 응전을 통해 기술을 인간화할 수 있다는 걸 보여준다. 기술의 성격은 기술 자체의 물리적 특성

보다는 그것을 둘러싼 문화적 맥락에 의해 결정된다.

▪ 혁신은 작은 가능성에서 시작된다

세 순환의 문화 운동 모두 위로부터의 일방적 개혁이 아니라, 아래로부터의 자발적 혁신으로 시작되었다. 소수의 선구자들이 새로운 가능성을 실험하고, 이것이 점차 확산되어 사회 전체의 변화로 이어지는 패턴을 보였다.

미술 공예 운동은 모리스와 러스킨 같은 개인들의 실험에서 시작되어 바우하우스 같은 교육 기관을 거쳐 현대 디자인 문화로 확산되었다. 대항문화 운동은 히피들의 라이프스타일 실험과 홈브루 클럽의 기술 실험에서 시작되어 실리콘밸리의 혁신 문화로 발전했다.

현재 크리에이터 문화도 개별 창작자들의 자발적 실험에서 시작되어 점차 새로운 경제 모델과 사회적 관계를 만들어내고 있다. 진정한 변화는 제도나 정책이 아닌 개인들의 창조적 실천에서 시작되었다.

▪ 기술은 경쟁자가 아니라 파트너였다

세 순환 모두에서 성공적인 문화 운동들은 기술을 거부하거나 제한하는 대신, 인간의 창조성을 확장하는 도구로 전환하여 받아들였다. 이는 기술 발전과 인간 발전이 대립적 관계가 아니라 상호 보완적 관계라는 의미다.

현재 AI와 창작자의 협업 사례들이 이러한 가능성을 더욱 명확히 보여준다. 뮤지션 그라임스는 2023년 자신의 음성을 학습시킨 AI 도구를 활용하여 팬들이 이를 사용해 새로운 음악을 만들 수 있도록 하는 실험을 진행했다. 또 시각 예술가 레픽 아나돌은 자연 데이터와 문화 데이터를 머신러닝으로 학습시켜 시각화하는 작품을 통해 기술과 예술의 새로운 융합 가능성을 제시하기도 했다.

- **새로운 관계를 만드는 공동체적 실천**

문화 운동들은 단순히 기술을 다르게 사용하는 것을 넘어, 새로운 삶의 방식과 인간관계를 실험했다. 이는 기술과 사회의 관계를 근본적으로 재구성할 수 있는 가능성을 제공한다.

대항문화 운동의 코뮌 생활, 미술 공예 운동의 작업장 공동체, 현재 크리에이터들의 온오프라인 커뮤니티는 모두 새로운 형태의 사회적 관계를 실험하는 문화적 실천이었다. 역사적으로 이러한 실험을 통해 기술이 인간의 삶을 풍요롭게 하는 새로운 방식을 발견할 수 있었다.

인간 중심 기술 사회를 위해
전해진 교훈 ─────────

- **문화가 기술을 결정한다**

세 순환의 경험이 보여주는 가장 중요한 교훈은 기술의 미래가 기술 자체가 아니라 그것을 둘러싼 문화에 의해 결정된다는 점이다. 예를 들어 IBM이 컴퓨터를 기업용 업무 효율화 도구로 인식했다면, 애플과 홈브루 클럽은 이를 개인의 창조적 역량을 확장하는 도구로 재해석했다. 개인용 컴퓨터의 의미가 기술 자체가 아니라 이를 둘러싼 문화적 맥락에 의해 결정된 것이다.

마찬가지로 현재 AI의 미래도 우리가 그것을 어떤 문화적 맥락에서 사용하고 발전시키느냐에 달려있다. 동시에 이는 기술 개발과 활용에 대한 민주적 거버넌스 체계 구축의 중요성을 시사한다. 에스토니아의 '전자 거주권 e-Residency' 제도나 대만의 '브이타이완 vTaiwan' 플랫폼처럼 시민들이 기술 정책 결정에 직접 참여할 수 있는 디지털 민주주의 실험들은 이러한 방향성을 보여주고 있다.

- **개인의 창조적 역량 강화가 핵심이다**

세 순환 모두에서 가장 지속적이고 깊이 있는 변화는 개인의 창조적 역량이 강화될 때 일어났다. 단순히 기술을 사용하는 것이 아니라, 기술을 통해 자신의 잠재력을 실현하고 새로운 가치를 창출할 수 있을 때 진정한 변화가 가능했던 것이다.

이는 AI 시대에도 소수 전문가 중심의 기술 개발을 넘어, 모든 시민이 기술을 창조적으로 활용할 수 있는 역량과 교육 시스템이 필요하다는 걸 의미한다. 이를 위해서는 핀란드의 '인공지능 교육 프로그램'이나 싱가포르의 '모든 시민을 위한 디지털 리터러시' 정책과 같은 국가 차원의 체계적 접근이 요구된다.

- **자율성-창조성-공동체성의 균형 발전**

세 문화 운동은 공통적으로 개인과 공동체의 창조적 잠재력 확장, 의미 있는 사회적 연결 형성, 다양한 문화적 가치 실현을 추구했다. 이 세 가치는 상호 연관되어 있으며, 균형 잡힌 발전이 인간 중심 기술 사회의 핵심이다.

현재 협동조합 형태의 플랫폼들이 이러한 통합적 접근의 사례를 보여준다. 스톡시Stocksy는 사진 저작권 플랫폼을 사진작가들이 소유하고 운영하는 협동조합으로 전환하여 창작자의 자율성과 경제적 이익을 동시에 보장한다.

사회적 연대와 협력의 인프라 구축 사례로는, 스페인 바르셀로나의 '시민 기술 주권' 정책이 있다. 이 도시는 오픈 소스 소프트웨어 사용을 의무화하고 시민들이 직접 도시 데이터에 접근하고 활용할 수 있는 플랫폼을 구축했다.

• 지속 가능한 대안 경제 모델의 필요성

미술 공예 운동이 사회적 확산에 실패한 것은 경제적 지속 가능성을 확보하지 못했기 때문이고, 대항문화 운동이 광범위한 영향력을 획득한 것은 실리콘밸리라는 새로운 경제적 기반을 통해서였다. 현재의 크리에이터 문화도 플랫폼 자본주의를 넘어서는 대안적 모델의 발전 여부가 성패를 가를 것이다.

블록체인 기술을 활용한 새로운 실험들은 이러한 가능성을 보여주고 있다. 음악 스트리밍 플랫폼 오디어스Audius는 아티스트들이 자신의 음악으로부터 직접 수익을 얻을 수 있는 탈중앙화 모델을 제시한다. 플랫폼 협동조합 운동도 주목할 만하다. 우버와 리프트 같은 기존 플랫폼에 대응하여 등장한 운전자 소유의 협동조합형 라이드셰어링 서비스들은 기술 플랫폼의 소유권과 운영권을 실제 서비스 제공자들에게 돌려주려는 시도 중 하나다.

더 높은 차원으로 나아가는
도전과 대응

각 순환이 제기하는 도전은 점차 더 근본적 차원으로 심화되었다. 제1순환이 생산 방식의 변화에, 제2순환이 문화적 정체성의 변화에 대응했다면, 제3순환은 인간의 인지 능력과 창조적 활동 자체의 변화에 대응해야 한다.

현재 ChatGPT와 같은 생성형 AI가 글쓰기, 코딩, 이미지 생성 등 전통적으로 '인간만의 영역'으로 여겨진 창조적 작업에 진입하면서, 인간 고유성에 대한 근본적 질문이 제기되고 있다. 그러나 이는 위기이면서 동시에 기회이기도 하다. AI가 루틴한 창작 업무를 대신 처리함으로써, 인간은 더 높은 차원의 창조적 사고와 윤리적 판단, 감정적 교감에 집중할 수 있게 될 가능성이 있다.

이를테면 일본 소프트뱅크의 감정인식 로봇 페퍼Pepper가 매장에서 고객 서비스를 담당하게 되면서, 인간 직원들은 더 복잡하고 창의적인 문제 해결에 집중할 수 있게 된 사례가 이를 보여준다. 또 의료 분야에서도 IBM 왓슨이 진단 보조 역할을 담당하면서 의사들은 환자와의 소통과 치료 계획 수립에 더 많은 시간을 할애할 수 있게 되었다.

우리는 이미 변화의 가능성을 증명했다

역사 속 세 순환의 경험에서 도출할 수 있는 조건들은 상호 연관되어 있으며, 특정 부문의 부분적 개선이 아닌 교육, 경제, 정치, 문화 전반에 걸친 구조적 전환을 통해서만 실현될 수 있다. AI 시대에는 이러한 전환의 필요성과 긴급성이 더욱 커지고 있다.

덴마크의 '평생학습 계정' 제도는 모든 시민이 변화하는 기술 환경에 적응할 수 있도록 개인별 교육 예산을 국가가 지원하는 모델이다. 캐나다 온타리오주의 '기본소득 실험'은 AI 자동화로 인한 일자리 변화에 대비하는 사회 보장 모델을 탐색했다. 이러한 사례들은 개별 기술이나 산업의 변화가 아닌, 사회 시스템 전체의 적응과 진화가 필요함을 보여준다.

결국 세 순환의 역사적 경험이 보여주는 것은 인간 중심 기술 사회가 불가능한 이상이 아니라, 지속적인 문화적 실험과 사회적 노력을 통해 점진적으로 실현 가능한 현실이라는 점이다. 각 순환에서 문화 운동들이 이룬 성과는 다음 순환의 토대가 되었고, 누적적 변화를 통해 점진적 진보를 이루어왔다.

[스페셜 노트] 세 문화 운동의 계보와 수렴

문화 운동의 연속성

19세기 후반부터 현재까지 이어진 기술 인간화 운동들은 단절된 개별 현상이 아니라, 서로 영향을 주고받으며 발전해온 연속적 흐름이다. 이들 운동은 세 개의 주요 트랙을 형성하며 현재의 크리에이터 문화로 수렴되고 있다.

첫 번째는 수공예 기반 반산업 문화의 흐름이다. 이는 1890년대 미술공예운동에서 시작되어 1960~70년대 대항문화와 DIY 문화로 발전했으며, 현재는 디지털 플랫폼 창작자들의 활동으로 이어지고 있다. 이 트랙의 핵심 가치는 인간의 창조성과 자율성 회복, 그리고 개인 창작자의 가치를 중시하는 것이다.

두 번째는 디지털 문화 운동의 계보다. 1960년대 대항문화의 해커 정신과 정보 자유화 운동에서 출발하여 오픈 소스 운동, 해커 문화, 메이커 운동으로 확산되었고, 디지털 유토피아, 커먼즈, 디지털 주권 운동으로 발전했다. 이 흐름은 기술의 민주화, 참여적 기술 문화, 지식 공유를 핵심 가치로 삼는다.

세 번째는 현대 크리에이터 경제의 등장이다. 2000년대 이후 1인 미디어와 플랫폼 기반 창작 활동이 시작되어 크리에이터의 직업화와 콘텐츠 기반 경제로 발전했으며, 개인 브랜딩과 독립적 수익 창출 모델이 확산되었다. 이 트랙은 경제적 자립, 창작자 주권, 플랫폼 활용 전략을 중요한 가치로 여긴다.

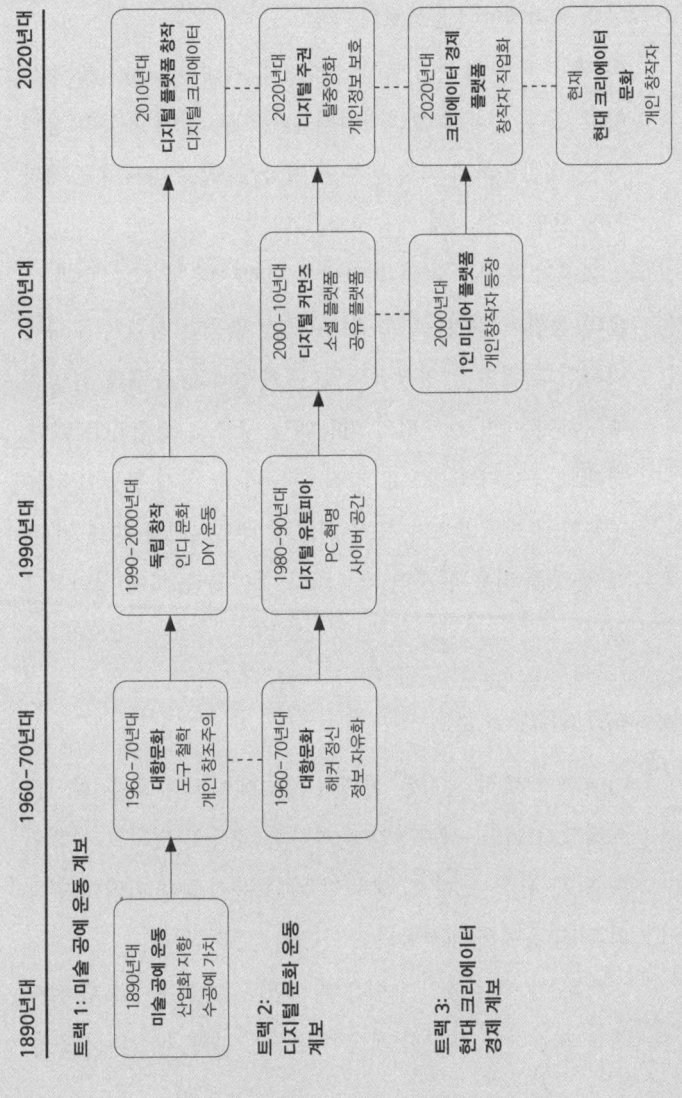

5부 기술을 인간적으로 쓰기 위한 우리의 선택

현대 크리에이터 문화로의 수렴

이 세 트랙은 21세기에 들어 하나의 거대한 교차점을 형성하고 있다. 현재의 크리에이터들은 미술 공예 운동의 장인 정신, 대항문화의 기술 민주화 이상, 그리고 디지털 경제의 혁신 모델을 동시에 계승하고 있다.

수렴의 특징은 여러 측면에서 나타난다. 우선 기술과 예술의 통합이 일어나면서 AI 도구를 활용한 창작과 코딩과 디자인의 결합이 일상화되었다. 개인과 공동체의 균형을 추구하며 개별 브랜딩과 커뮤니티 구축도 병행하고 있다. 경제와 문화의 융합으로 창작 활동이 곧 경제 활동이 되는 구조가 정착되었으며, 또한 글로컬 네트워크를 통해 전 세계 플랫폼 활용과 지역 커뮤니티 참여를 동시에 실현하고 있다.

계보적 관점의 의의

이러한 계보적 관점은 현재의 크리에이터 문화를 일시적 트렌드가 아닌, 장기적인 문화사적 흐름의 결과로 이해할 수 있게 한다. 또한 각 운동이 남긴 유산들이 어떻게 현재의 실천 속에서 재결합되고 있는지를 보여준다.

특히 이 세 흐름의 수렴은 미래 기술 발전에 중요한 시사점을 제공한다. 단순한 기술적 혁신을 넘어, 인간의 창조성,

사회적 협력, 경제적 지속가능성을 통합적으로 고려하는
새로운 기술 문화의 가능성을 보여주는 것이기 때문이다.

--- 2장 ---

인간다운 기술은 왜 아직 오지 않았는가

지난 세 순환의 교훈은 기술 인간화의 가능성을 보여주었지만, 동시에 각 순환이 직면한 공통된 한계를 드러내기도 했다. 19세기 미술 공예 운동에서 현재의 크리에이터 문화에 이르기까지, 기술 전환적 문화 운동들은 놀라운 성과를 거두었지만 여전히 미완성 상태에 머물러 있다.

특히 현재 진행 중인 제3순환은 이전 두 순환의 한계를 반복하면서도 새로운 도전에 직면했다. AI와 빅테크의 시대에서 우리는 기술을 주도할 것인가, 아니면 기술에 끌려갈 것인가? 이 질문에 답하기 위해서는 먼저 세 순환이 공통적으로 직면한 구조적 한계들을 이해해야 한다.

세 순환을 관통하는
구조적 한계

- **경제적 지속 가능성의 함정**

세 순환 모두에서 가장 지속적으로 나타난 문제는 경제적 지속 가능성의 한계였다. 윌리엄 모리스의 미술 공예 운동은 아름다운 이상을 제시했지만, 결국 경제적 현실 앞에서 한계를 드러냈다. 수공예 제품의 높은 생산 비용은 중산층 이상만이 접근할 수 있는 고가 상품을 만들어냈다.

결국 모리스가 추구한 모든 이를 위한 아름다움은 소수를 위한 사치로 변질되었다. 켐스콧 프레스에서 제작된 책들은 당시 일반 도서의 10-20배 가격이었고, 모리스가 디자인한 가구와 벽지는 부유한 계층만이 구매할 수 있었다. 이는 문화 운동의 이상과 경제적 현실 사이의 근본적 모순을 보여준다.

1960년대 대항문화 운동 역시 비슷한 운명을 맞았다. 초기의 이상주의적 실험들은 점차 시장의 논리에 흡수되었다. 히피 문화의 상징이었던 음악, 패션, 라이프스타일은 거대한 상업적 시장으로 전환되었다. 스튜어트 브랜드의 '전 지구 카탈로그'는 대안적 도구와 사상을 전파하는 매체였지만, 결국 소비주의적 카탈로그의 형태를 벗어나지 못했다.

또 대항문화가 창조한 많은 혁신들은 실리콘밸리 기업들에 의해 상품화되어 원래의 공동체적 가치를 잃었다. "Think Different"나 "Don't Be Evil" 같은 슬로건은 대항문화의 언어를 차용했지만, 실제로는 거대 기업의 마케팅 도구로 쓰였다.

현재의 크리에이터 문화도 동일한 패턴을 보이고 있다. 창작자들의 독립성과 자율성을 표방하지만 실제로는 플랫폼 기업들의 생태계에 깊이 종속되어 있다. 실제로 유튜버의 대부분은 불안정한 수입에 의존하거나 아예 수익을 내지 못한다. 전통적인 예술계의 불평등 구조가 디지털 플랫폼에서 더욱 극단적으로 재현되고 있다는 뜻이다.

• 기술이 발전할수록 높아지는 진입 장벽

세 순환에서는 공통적으로 기술의 민주화를 추구했지만, 역설적으로 기술이 복잡해질수록 전문성에 대한 의존도는 높아졌다. 미술 공예 운동에서 추구한 장인 정신은 고도의 숙련을 요구했고, 대항문화의 적정 기술도 상당한 기술적 이해를 전제로 했다.

현재의 크리에이터 문화에서도 성공하기 위해서는 영상 편집, 그래픽 디자인, 마케팅, 데이터 분석 등 다양한 전문 기술이 필요하다. '누구나 창작자가 될 수 있다'는 슬로건과 달리, 실제로는 기술적 진입 장벽이 점점 높아지고 있다.

이는 기술 발전의 본질적 특성과 관련이 있다. 기술이 발전할수록 그 복잡성은 증가하고, 이를 제대로 활용하기 위해서는 더 높은 수준의 전문성이 요구된다. 또한 새로운 기술이 등장할 때마다 학습해야 할 내용이 늘어나며, 이는 개인의 학습 능력을 넘어서는 경우가 많다.

AI 시대에는 이런 문제가 더욱 심화되고 있다. AI 도구들이 사용법은 쉬워졌다고 하지만, 실제로 효과적으로 활용하기 위해서는 프롬프트 엔지니어링, 모델의 특성 이해, 결과물의 품질 평가 등 새로운 형태의 전문 지식이 필요하다.

- **권력 집중의 반복적 재생산**

각 시대마다 새로운 형태의 권력 집중이 나타났다. 산업혁명기에는 공장 소유주들이, 대중 사회 시대에는 미디어 기업들이, 그리고 현재는 플랫폼 기업들이 핵심 인프라를 독점하고 있다.

현재 메타, 구글, 아마존 등 소수의 빅테크 기업들은 전 세계 디지털 인프라를 통제하며, 창작자들은 이들의 정책과 알고리즘 변화에 일방적으로 의존해야 한다. 이는 기술 민주화의 이상과 정반대의 결과다.

이러한 권력 집중이 반복되는 이유는 네트워크 효과와

규모의 경제라는 기술의 본질적 특성 때문이다. 새로운 기술이 등장할 때마다 초기에는 다양한 실험이 이루어지지만, 점차 표준화와 통합 과정을 거치면서 소수의 지배적 플레이어가 등장한다.

더 문제가 되는 것은 이런 권력 집중이 단순히 경제적 차원을 넘어 문화적, 사회적 차원까지 확장된다는 점이다. 플랫폼들이 설정한 알고리즘과 정책이 전 세계 사람들의 정보 접근, 소통 방식, 심지어 사고 패턴까지 영향을 미치고 있다.

▪ 문화적 다양성의 획일화 압력

세 순환 모두에서 시장 논리의 침투로 인한 문화적 다양성의 축소가 나타났다. 미술 공예 운동의 디자인들은 점차 상품성을 고려한 절충적 형태로 변화했고, 대항문화의 실험적 음악과 예술도 상업적 성공을 위해 대중적 형태로 순치되었다.

현재 크리에이터들도 알고리즘 최적화와 광고 친화적 콘텐츠 제작에 매달리면서, 창작의 다양성보다는 플랫폼이 선호하는 형식과 패턴에 맞추려는 경향을 보인다. 실제로 유튜브에서도 '썸네일 클릭베이트', '10분 영상 길이', '댓글 유도 멘트' 등이 공식처럼 반복되고 있다.

특히 제3순환에서는 글로벌 플랫폼들의 영어 중심 설계로 인해 지역 문화의 다양성이 위협받고 있다. 유튜브의 경우 영어 콘텐츠가 다른 언어 콘텐츠보다 높은 광고 수익률을 보이며 글로벌 노출 기회도 더 많이 주는 것을 보면, 각 지역의 고유한 문화적 표현이 글로벌 표준에 맞춰 변형되거나 소외되는 결과를 낳고 있음을 알 수 있다.

제도화가 문화 운동의 생명력을 잃게 한다

▪ 체제 편입을 통한 급진성의 소실

세 순환 모두에서 초기의 자발적이고 실험적인 에너지가 점차 제도화되면서 생명력을 잃는 패턴이 반복되었다. 미술 공예 운동의 이념은 바우하우스 같은 교육 기관을 통해 체계화되었지만, 이 과정에서 원래의 사회 비판적 성격은 약화되고 기술적 방법론에만 집중하게 되었다.

모리스가 추구한 노동의 기쁨과 사회적 변혁의 비전은 디자인 기법으로 축소되었다. 현대 디자인 학교의 교육 과정에서 모리스의 사회적 이상은 많이 사라지고, 기능주의적 디자인 원리만이 남았다. 디자인 산업 사례는 문화 운동이 제도화 과정에서 원래의 급진성을 상실하는 전형적 패턴을 보여준다.

대항문화 운동의 많은 성과들도 기업들에 의해 흡수되면서 원래의 반체제적 성격을 잃었다. 히피 문화의 자유와 해방은 소비자의 선택권과 개성으로 변질되었다. 공동체적 가치는 개인주의적 라이프스타일로 순화되었다.

현재 크리에이터 문화도 비슷한 제도화 과정을 겪고 있다. 정부의 창작자 지원 정책, 대학의 크리에이터 학과 신설, 매니지먼트 회사들의 전속 계약 시스템 등이 등장하고 있다. 한국 정부의 'K-콘텐츠' 진흥 정책은 한류 확산에 기여했지만, 동시에 정부가 선호하는 특정 유형의 콘텐츠에 지원이 집중되는 결과를 낳았다.

이는 다양성과 창의성보다는 수출 가능성과 상업적 성공을 우선시하는 경향으로 이어진다. 원래 크리에이터 문화의 자발성과 실험 정신은 점차 제도적 틀 안에서 관리되고 통제되는 대상이 되고 있다.

▪ 혁신의 관성화와 패턴의 고착화

제도화는 필연적으로 혁신의 관성화를 가져온다. 초기의 급진적 실험들이 점차 예측 가능한 패턴으로 굳어지면서 진정한 변화의 동력을 잃는 것이다.

유튜브 초기에는 다양하고 실험적인 콘텐츠들이 활발했지만, 현재는 알고리즘에 최적화된 유사한 형식의 콘텐츠들이 대부분을 차지한다. 성공 공식이 확립되면서 창작자들은 새로운 시도보다는 검증된 패턴을 반복하게 된다.

이러한 관성화는 창작자들이 실험보다는 안전한 선택을 추구하게 만든다. 새로운 시도는 위험 부담이 크고 성공을 보장할 수 없지만, 기존의 성공 공식을 따르면 어느 정도의 결과는 예측할 수 있기 때문이다. 많은 크리에이터들이 알고리즘 최적화에 매달리는 이유도 여기에 있다.

결국 혁신을 추구했던 문화 운동이 스스로 새로운 관습과 관성을 만들어내는 역설적 상황이 발생한다. 이는 모든 제도화 과정에서 나타나는 구조적 문제다.

AI 시대의 도전이 마주한 위기의 본질

• 창조성의 근본적 재정의 요구

AI 기술의 발전은 이전 두 순환과는 질적으로 다른 도전을 제시한다. 산업 혁명이 인간의 물리적 노동을, 정보 혁명이 정보 처리를 자동화했다면, AI는 창조적 사고와 표현까지 자동화하려 하고 있다.

2023년 미드저니로 제작된 AI 작품의 미술 공모전 수상, ChatGPT의 문학 창작, AI 음악 생성 도구의 발전 등은 기존의 '창작자'와 '창조성' 개념을 재정의하게 만들고 있다. 이는 이전 순환들에서는 경험하지 못한 새로운 차원의 도전이다. 과거에는 기술이 인간의 보조 수단이었다면, 현재는 기술이 인간의 고유 영역으로 여겨졌던 창조적 활동까지 침투하고 있는 것이다. 이로 인해 "인간다움"의 정의 자체가 재검토되어야 하는 상황이다.

• 알고리즘적 통제의 은밀성과 강력함

플랫폼 알고리즘의 불투명성은 창작자들을 새로운 형태의 통제 하에 놓고 있다. 인스타그램이나 틱톡 등의 추천 알고리즘 작동 원리가 기업 기밀로 보호받으면서, 창작자들은 예측 불가능한 기준에 맞춰 콘텐츠를 제작해야 하는 딜레마에 직면하게 됐다.

이러한 불투명성은 이전 시대의 검열이나 통제와는 다른 형태의 권력 행사다. 과거의 검열은 명시적이고 대응 가능했지만, 알고리즘적 통제는 보이지 않고 예측하기 어렵다. 창작자들은 무엇이 금지되었는지도 모른 채 스스로 자기검열을 하게 된다.

더 심각한 것은 이런 알고리즘이 단순히 콘텐츠를 선별하는 것을 넘어, 창작자들의 사고 패턴과 창작 방향까지 영향을 미친다는 점이다. 알고리즘이 선호하는 패턴에 맞춰 창작하다 보면, 창작자 스스로의 창의성과 독창성이 제약받게 된다.

▪ 데이터화된 인간성과 새로운 소외

 개인화 알고리즘은 사용자와 창작자 모두를 과거 패턴에 고착화시키는 경향을 보인다. 맞춤형 서비스라는 명목하에 기존 선호도를 강화하고, 창작자들에게는 검증된 콘텐츠 유형의 반복을 유도함으로써 새로운 창작 실험을 억제하는 구조적 한계를 드러내고 있다. 데이터화와 패턴화는 창작자와 향유자 모두를 기존의 취향과 관심사에 가두는 "필터 버블" 현상을 만들어낸다. 그로 인해 이전 시대에는 경험하지 못한 새로운 형태의 소외가 발생하고 있으며, 창작자의 다양성과 창의성이 제약받고 사회 전체의 문화적 역동성이 떨어지는 결과가 드러난다.

▪ 글로벌 플랫폼의 문화적 제국주의

 AI 시대의 또 다른 고유한 문제는 소수의 글로벌 플랫폼이 전 세계의 문화 생산과 유통을 독점하면서 나타나는 문화적 제국주의다. 미국 중심의 빅테크 플랫폼들이 전 세계의 문화적 다양성을 자신들의 기준과 가치에 맞춰 재편하고 있다.

플랫폼 자본주의는 단순히 경제적 독점을 넘어 문화적, 인식적 차원의 지배를 의미한다. 플랫폼의 알고리즘과 정책이 전 세계 사람들의 문화적 경험을 좌우하게 되면서, 문화적 다양성이 심각하게 위협받고 있다.

특히 AI 모델들이 주로 영어와 서구 문화 데이터로 훈련되어, 비서구 문화에 대한 편향과 오해를 재생산하는 문제가 심각하다. 이는 문화적 다양성을 보존하고 발전시켜야 할 AI 시대에 역행하는 현상이다.

구조적 한계의
심화와 상호 작용

현재 제3순환에서는 과거 두 순환의 한계들이 단순히 반복되는 것이 아니라, AI 시대의 새로운 도전과 결합하면서 더욱 복잡하고 심각한 형태로 나타나고 있다.

경제적 지속 가능성 문제는 플랫폼 독점과 결합하여 더욱 극단적인 불평등으로 이어진다. 기술 복잡성 증가는 AI의 불투명성과 결합하여 창작자들의 통제력을 더욱 약화시키고 있다. 또한 권력 집중 현상은 글로벌 플랫폼의 독점과 결합하여 전례 없는 규모의 문화적 지배를 가능하게 한다.

이러한 구조적 한계들의 상호 작용은 개별적 대응으로는 해결하기 어려운 복합적 문제를 만들어낸다. 개별 창작자들의 창의적 노력만으로는 구조적 한계를 근본적으로 극복하기 어려운 상황이다.

미완성 순환을
넘어서기 위한 조건

▪ 경제 모델의 근본적 재구상

이전 순환들이 기존 경제 구조에 도전하지 못한 채 시장 논리에 흡수된 것과 달리, 제3순환에서는 근본적으로 다른 경제 모델이 필요하다. 단순히 기존 시장에서의 성공을 추구하는 것이 아니라, 새로운 형태의 가치 창출과 분배 시스템을 구축해야 한다.

플랫폼 개혁 과제는 창작자들이 다양한 수익원을 확보할 수 있는 생태계 구축, 크리에이터 중산층 형성을 위한 제도적 장치, 그리고 무엇보다 창작 활동 자체의 사회적 가치를 인정하고 보상하는 새로운 메커니즘을 포함한다. 창작자 기본 소득, 문화 기여 점수제, 커뮤니티 기반 후원 시스템 등이 그 예가 될 수 있다.

• 기술 주권과 데이터 민주주의

기술 복잡성의 증가에 대응하기 위해서는 기술 전문성의 민주화가 필요하다. 이는 단순히 기술 교육을 확대하는 것을 넘어, 창작자들이 자신이 사용하는 기술에 대한 이해와 통제권을 가질 수 있도록 하는 것이다.

데이터 이동성 확보, 알고리즘 투명성 강화, 오픈 소스 창작 도구 개발 등을 통해 창작자들의 기술적 자율성을 보장해야 한다. 또한 창작자들이 집단적으로 기술 개발 과정에 참여할 수 있는 메커니즘도 필요하다.

• 분산형 인프라와 다원적 생태계

권력 집중의 문제를 해결하기 위해서는 중앙 집중형 플랫폼에 대한 의존도를 줄이고, 분산형 인프라를 구축해야 한다. 이는 블록체인 기반의 탈중앙화 플랫폼뿐만 아니라, 지역 기반의 창작자 커뮤니티, 협동조합형 플랫폼, 공공 인프라를 활용한 창작 지원 시스템 등을 포함한다.

중요한 것은 단일한 대안을 추구하는 것이 아니라, 다양한 형태의 창작 생태계가 공존할 수 있는 다원적 환경을 만드는 것이다. 이를 통해 창작자들은 자신의 가치와 목표에 맞는 플랫폼과 커뮤니티를 선택할 수 있게 된다.

▪ 문화적 고유성과 글로벌 연결성의 균형

문화적 획일화에 대응하기 위해서는 지역성과 글로벌성의 균형을 추구해야 한다. 각 지역의 고유한 문화적 가치를 보존하고 발전시키면서도, 글로벌 네트워크를 통한 교류와 협력의 기회를 확대하는 것이다.

이를 위해서는 다국어 지원 시스템, 문화적 맥락을 이해하는 AI 개발, 지역 문화 콘텐츠에 대한 지원 확대 등이 필요하다. 또한 각국의 문화 정책도 글로벌 표준화보다는 다양성 증진에 초점을 맞춰야 한다.

한층 복잡해진 제3순환은 완성될 수 있을까

제3순환이 이전 두 순환과 다른 점은 과거의 경험을 학습하고 한계를 극복할 수 있는 역사적 관점을 가지고 있다는 것이다. 또한 디지털 기술의 발달로 인해 전 지구적 규모에서 실시간으로 경험을 공유하고 협력할 수 있는 조건도 마련되어 있다.

하지만 동시에 AI 시대의 도전은 이전보다 훨씬 근본적이고 복합적이다. 개별적 노력만으로는 구조적 한계를 극복하기 어려우며, 더 체계적이고 통합적인 접근이 필요하다. 이러한 구조적 한계를 극복하고 제3순환을 완성하기 위해서는 우리 모두가 주체가 되어 AI 시대의 문화 운동을 이끌어가야 할 것이다.

3장
AI 시대, 주도할 것인가 끌려갈 것인가

우리가 과거의 순환에 대한 경험을 바탕으로, 실패를 반복하지 않고 제3순환을 진정으로 완성하려면 무엇이 필요할까? 기술적 해결책인가, 제도적 개혁인가, 아니면 다른 접근인가? 이제 AI 시대에 기술을 주도하기 위한 근본적 조건을 하나씩 탐색해보자. 결론적으로는 문화 운동이야말로 진정한 변화의 핵심이며, 궁극적으로는 우리 모두가 기술의 미래를 결정하는 문화 운동의 주체가 되어야 한다.

기술의 미래가 독점되어서는 안 된다

AI 시대의 가장 심각한 문제 중 하나는 기술의 미래가 소수 엘리트에 의해 일방적으로 결정되고 있다는 점이다. 현재 AI 개발의 핵심 의사결정은 실리콘밸리의 몇몇 CEO들, 소수의 AI 연구자들, 그리고 벤처캐피털리스트들에 의해 이루어진다. 샘 알트만, 데미스 하사비스, 일론 머스크 같은 소수의 인물들이 인류의 미래를 좌우할 수 있는 기술적 선택을 내리고 있다.

이들의 결정은 수십억 명의 삶에 직접적 영향을 미치지만, 그 과정에서 민주적 토론이나 사회적 합의는 거의 이루어지지 않는다. 오픈AI의 GPT-4 출시, 구글의 바드Bard 개발, 메타의 메타버스 투자 등 주요 기술적 결정들이 기업 내부의 판단만으로 이루어지고 있다. 이는 기술이 사회에 미치는 영향력을 고려할 때 심각한 민주주의적 결함이다.

더 문제가 되는 것은 이러한 기술 엘리트들이 대부분 유사한 배경과 가치관을 공유한다는 점이다. 서구 중심의 교육 배경, 실리콘밸리의 기술 낙관주의 문화, 그리고 자유시장 이데올로기에 기반한 사고방식이 AI 개발의 방향을 좌우하고 있다. 이는 기술 발전의 방향성을 제한하고, 다양한 문화적 관점과 사회적 필요를 간과하는 결과를 낳을 수 있다.

현재의 AI 개발 구조는 근본적으로 민주적 정당성이 부족한 상태다. 빅테크 기업들은 주주의 이익을 우선시할 수

밖에 없는 구조적 한계를 가지고 있으며, 이는 공공의 이익과 충돌할 가능성이 크다. 특히 AI와 같이 사회 전반에 광범위한 영향을 미치는 기술의 경우에는 개발 과정에서 다양한 사회적 관점과 가치를 반영하는 것이 필수적이다.

그러나 현재의 AI 개발은 주로 기술적 성능과 시장 경쟁력에만 초점을 맞추고 있다. 사회적 영향, 윤리적 고려, 문화적 다양성 등은 부차적인 고려사항으로 취급된다. 이는 AI가 특정 집단의 이익과 가치관을 반영하는 편향된 기술로 발전할 위험을 높인다.

변화를 수용할 만한 제도는 충분한가?

기술 엘리트 독점 문제를 해결하기 위해서는 시민 참여형 기술 거버넌스가 필요하다. 이는 기술 개발과 배포 과정에 다양한 사회적 주체들이 참여하여, 기술의 방향성과 우선순위를 민주적으로 결정하는 시스템을 의미한다. EU의 AI 법안, 대만의 브이타이완vTaiwan 플랫폼, 에스토니아의 디지털 민주주의 실험 등은 시민 참여형 기술 거버넌스의 가능성을 보여주는 사례들이다.

또한 기술 영향 평가Technology Impact Assessment 제도의 도입

도 중요하다. 새로운 기술이 사회에 미칠 영향을 사전에 평가하고, 그 결과를 바탕으로 기술 개발의 방향을 조정하는 시스템이 필요하기 때문이다. 환경 영향 평가와 유사하게, 기술의 사회적, 문화적, 윤리적 영향을 체계적으로 분석하고 관리하는 제도적 장치가 마련되어야 한다.

AI 시대에 대응하기 위해서는 교육, 경제, 정치 제도의 전반적인 개혁도 필요하다. 교육 제도는 AI와 함께 살아갈 수 있는 능력을 기르는 방향으로 변화해야 한다. 경제 제도의 경우, AI에 의한 자동화가 야기하는 일자리 변화에 대응할 수 있는 새로운 사회 안전망이 필요하다. 정치 제도 역시 AI 시대의 새로운 도전에 대응할 수 있도록 변화해야 한다.

그러나 제도적 접근만으로는 AI 시대의 도전을 완전히 해결할 수 없다. 제도는 본질적으로 기존의 권력 관계와 사회 구조를 반영하며, 근본적인 변화보다는 점진적 개선에 적합하다. 또한 제도 변화는 시간이 오래 걸리고, 기술 발전의 속도를 따라가기 어렵다는 한계가 있다.

무엇보다 제도적 접근은 사람들의 의식과 실천을 직접적으로 변화시키지 못한다. 아무리 좋은 법과 정책이 있어도 사람들이 그 취지를 이해하고 자발적으로 실천하지 않으면 실효성이 떨어진다. 따라서 제도적 변화와 함께 문화적 변화가 반드시 동반되어야 한다.

역사적으로도 가장 중요한 사회 변화들은 제도 개혁보다는 문화 운동을 통해 시작되었다. 시민권 운동, 여성 참정권 운동, 환경 운동 등은 모두 법적, 제도적 변화에 앞서 문화적 각성과 실천에서 출발했다. 기술 분야에서도 마찬가지다.

기술과 인간의 관계를 바꾸는
가장 강력한 힘

19세기 미술 공예 운동은 정부 정책이나 법적 규제를 통해 시작된 것이 아니다. 윌리엄 모리스와 존 러스킨 같은 문화적 선구자들이 산업화에 대한 새로운 관점을 제시하고, 장인들과 예술가들이 자발적으로 새로운 실천을 시작했다. 이들의 문화적 실험이 먼저 이루어진 후에야 디자인 교육의 제도화, 공예 진흥 정책, 노동 조건 개선 등의 제도적 변화가 뒤따랐다.

1960년대 대항문화 운동 역시 정치적 변화나 제도적 개혁보다는 문화적 전환에서 시작되었다. 히피들의 라이프스타일 실험, 록 음악의 혁신, 공동체적 삶의 추구 등은 모두 자발적인 문화적 실천이었다. 특히 스튜어트 브랜드의 '전지구 카탈로그'는 정부나 대기업의 지원 없이도 개인과 커뮤니티의 힘으로 기술을 민주화할 수 있다는 것을 보여준 상징적 사례였다.

현재의 크리에이터 문화도 마찬가지다. 플랫폼 기업들이 기술적 기반을 제공했지만, 그 위에서 이루어지는 창작과 소통의 방식은 크리에이터들의 자발적 실험에서 비롯되었다. 정부의 K-콘텐츠 정책이나 플랫폼 기업들의 창작자 지원 프로그램은 이러한 문화적 변화를 뒤따라 만들어진 것들이다.

이러한 흐름을 살펴보면 문화 운동이야말로 기술과 인간의 관계를 근본적으로 바꾸는 가장 강력한 힘이라는 사실을 알 수 있다. 각 순환에서 가장 지속적이고 깊이 있는 변화는 문화 운동을 통해 이루어졌다. 문화 운동이 다른 접근 방식과 구별되는 고유한 힘은 네 가지로 요약된다.

첫째, 기술의 의미와 가치 재정의다. 문화 운동은 기술 자체를 바꾸는 것이 아니라, 기술의 의미와 사용 방식을 재정의한다. 미술 공예 운동은 산업 기계를 예술적 창조의 도구로, 대항문화 운동은 컴퓨터를 개인 해방의 수단으로 재해석했다. 현재 AI를 인간을 대체하는 위협으로 볼 것인지, 아니면 인간의 창조성을 확장하는 협력자로 볼 것인지는 우리의 문화적 선택에 달려 있다.

둘째, 사람들의 근본적인 인식과 일상적 실천 변화다. 법이나 정책은 외적 행동을 규제할 수 있지만, 내적 동기와 가치관까지 바꾸기는 어렵다. 반면 문화 운동은 사람들이 자발적으로 새로운 방식으로 생각하고 행동하도록 이끈다.

셋째, 아래로부터의 자발적 혁신이다. 사람들이 자신의 필요와 상황에 맞게 기술을 창조적으로 활용하고 변형하는 과정에서 예상치 못한 혁신이 일어난다. 이는 계획적이고 통제적인 접근으로는 달성하기 어려운 성과다.

넷째, 새로운 삶의 방식과 인간관계 실험이다. 문화 운동은 단순히 기술을 다르게 사용하는 것을 넘어, 새로운 형태의 사회적 관계를 실험하는 문화적 실천이라고 할 수 있다. 우리는 이를 통해 기술이 인간의 삶을 풍요롭게 하는 새로운 방식을 발견하게 된다.

우리 모두가
문화 운동의 주체다

오늘날 AI 시대에도 이러한 문화 운동은 다양한 형태로 전개되고 있다. 앞서 살펴본 오픈 소스 운동의 AI 시대 진화, 메이커 운동의 디지털 확장, 해커 문화의 현대적 계승, 그리고 새로운 선기술 운동들은 모두 기술을 인간 중심으로 재구성하려는 문화 운동의 구체적 형태들이다.

특히 크리에이터 경제는 이 모든 운동의 요소들을 통합하여 자율성, 창조성, 공동체성이라는 기술 인간화의 핵심 가치를 일상적 실천으로 구현하고 있다. 이들이 보여주는 창조적 전유, 공동체적 대응, 다층적 실천은 바로 우리 시대 문화 운동의 핵심 전략이다.

문화 운동은 거창한 조직이나 지도자를 필요로 하지 않으며, 개인의 일상적 선택과 실천에서부터 시작된다. AI 시대의 문화 운동 역시 각자가 기술을 어떻게 선택하고 활용하느냐에서 출발한다.

▪ 개인 차원: 의식적인 기술 선택과 창조적 활용

의식적인 기술 선택이란 기술을 맹목적으로 받아들이거나 거부하는 것이 아니라, 자신의 가치와 목표에 맞게 비판적으로 평가하고 선별하는 것을 말한다. 창조적 활용이란 주어진 기술을 수동적으로 사용하는 것이 아니라, 자신의 창조적 비전을 실현하기 위해 능동적으로 변형하고 결합하는 것이다.

중요한 건 개인의 선택과 실천이 모여서 더 큰 문화적 변화를 만들어낸다는 점이다. 많은 사람들이 비슷한 방향으로 기술을 선택하고 활용하면, 그것이 새로운 문화적 규범과 관행으로 자리잡게 된다.

- **공동체 차원: 협력과 연대를 통한 집단적 실험**

개인적 실천을 넘어 공동체적 실험에 참여하는 것도 중요한 문화 운동의 형태다. 비슷한 가치와 비전을 가진 사람들과의 협력을 통해 개별적으로는 불가능한 변화를 만들어낼 수 있다.

오픈 소스 프로젝트, 크리에이터 커뮤니티, 협동조합형 플랫폼 등은 모두 기존과 다른 방식의 협력과 공유를 실험하는 문화적 실천이다. 이런 실험에 참여하는 것은 관찰자가 아닌 실천자가 되는 일이다.

- **사회 차원: 새로운 문화적 가치와 실천의 확산**

개인과 공동체의 실험이 사회 전체의 변화로 이어지려면, 그러한 가치와 실천이 더 넓은 범위로 확산되어야 한다. 이는 직접적인 전파 활동을 뜻하는 것이 아니라, 자신의 실천을 통해 다른 사람들에게 영감을 주고, 새로운 가능성을 보여주는 것을 말한다.

중요한 것은 이러한 확산이 강제나 설득이 아닌, 매력과 영감을 통해 이루어진다는 점이다. 사람들이 새로운 실천을 보고 "나도 해보고 싶다"고 느끼게 만드는 것이 가장 효과적인 문화 운동의 방식이다.

기술을 길들이는
세 가지 전략

AI 시대의 문화 운동은 구체적으로 어떤 전략을 통해 기술을 인간화할 수 있을까? 앞서 살펴본 역사적 경험과 현재 진행 중인 다양한 선기술 운동들의 실천에서 공통적으로 발견되는 핵심 전략은 세 가지로 요약된다. 더불어 이 전략들은 개별적으로 작동하기보다는 서로 유기적으로 연결되어 상승 효과를 만들어낸다. 19세기 미술 공예 운동부터 현재의 크리에이터 경제에 이르기까지, 성공적인 기술 인간화 시도들은 모두 이 세 가지 전략을 창조적으로 결합하여 활용해왔다.

첫째는 창조적 전유다. 기술을 단순히 주어진 대로 사용하는 것이 아니라, 자신의 창조적 목적에 맞게 재구성하고 변형하는 것이다. 창조적 전유의 핵심은 기술을 자신의 가치와 비전에 종속시킨다는 점이다. 기술이 인간을 통제하는 것이 아니라, 인간이 기술을 통제하고 활용하는 주객전도를 이루어내는 것이다.

둘째는 공동체적 대응이다. 개인이 혼자서 거대한 기술 시스템에 맞서는 것의 한계를 인식하고, 같은 가치를 공유하는 사람들과의 연대를 추구해야 한다. 공동체적 대응의 핵심은 경쟁이 아닌 협력, 독점이 아닌 공유의 가치를 실현하는 것이다.

셋째는 다층적 실천이다. 이는 온라인과 오프라인, 개인과 공동체, 지역과 글로벌을 연결하는 통합적 접근을 말한다. 이러한 다층적 실천은 위험을 분산시키는 동시에 더 풍부한 경험과 관계를 만들어낸다.

누구나
창조자가 되는 사회

현재 진행 중인 제3순환에서 크리에이터 문화는 단순한 경제적 현상을 넘어 새로운 문화 운동의 가능성을 보여주고 있다. 크리에이터 문화의 확산이 갖는 더 큰 의미는 "모든 시민이 창조자가 되는 사회"의 가능성을 제시한다는 점이다.

AI 기술의 발전은 역설적으로 이러한 가능성을 확대하고 있다. AI 도구들이 기술적 진입 장벽을 낮춤으로써, 전문적 훈련을 받지 않은 사람들도 높은 수준의 창작물을 만들 수 있게 되었다. 이러한 사회에서는 전통적인 생산자-소비자의 구분이 흐려지고, 모든 사람이 동시에 창작자이자 향유자가 된다. 교육과 노동의 개념이 근본적으로 재정의되며, AI가 루틴한 업무를 대신 처리함으로써 인간은 더 창조적이고 의미 있는 활동에 집중할 수 있게 된다.

세 번째 응전을
완성하며

AI 시대를 맞아 우리는 역사상 세 번째 기술 혁명적 도전에 직면해 있다. 기술의 미래는 결코 미리 정해져 있지 않다. 동일한 기술이라도 그것을 둘러싼 문화적 맥락과 사회적 선택에 따라 완전히 다른 방향으로 발전할 수 있다. AI가 인간을 대체하고 지배하는 디스토피아로 발전할 것인지, 아니면 인간의 창조성과 자율성을 확장하는 도구가 될 것인지는 우리의 문화적 선택에 달려 있다.

중요한 것은 이러한 문화적 선택이 소수의 전문가나 정책 입안자들만의 몫이 아니라는 점이다. 역사적으로 가장 중요한 기술적 전환들은 모두 일반 시민들의 자발적이고 집단적인 문화적 실천을 통해 이루어졌다. 우리 모두가 이러한 선택의 주체이며, 우리의 일상적 실천이 모여서 기술의 미래를 결정한다.

세 번째 응전의 핵심은 AI와 빅테크 기술을 인간의 창조성, 자율성, 공동체성을 확장하는 방향으로 재구성하는 것이다. 이는 기술을 거부하거나 단순히 규제하는 것이 아니라, 적극적으로 전유하고 변형하여 인간 중심적 가치를 실현하는 창조적 과정이다.

우리 모두가 바로 이 문화 운동의 주체가 되어야 한다.

창조적 전유, 공동체적 대응, 다층적 실천이라는 세 가지 전략을 통해, 우리는 AI 시대에도 기술이 인간을 지배하는 것이 아니라 인간이 기술을 주도하는 미래를 만들어갈 수 있다.

이제 세 번째 응전을 완성할 때가 왔다. 우리 모두가 크리에이터가 되어, 기술을 인간화하는 새로운 미래를 함께 만들어가자.

감사의 말

이 책의 기원은 도시 연구다. 2014년 『작은 도시 큰 기업』으로 시작한 나의 도시 연구는 라이프스타일을 핵심 키워드로 삼았다. 도시 문화를 주도하는 크리에이터와 비즈니스의 근본 동력이 대안적 라이프스타일에 대한 욕구라는 사실을 발견했다.

또 라이프스타일의 역사를 탐구하면서 중요한 깨달음을 얻었다. 이들은 단순히 자본에 저항한 것이 아니라 더 근본적으로는 기술과 기술이 강요하는 획일주의에 맞섰다는 것이었다. 과학과 기술을 사회와 독립된 영역으로 인식해왔던 나에게는 충격적인 발견이었다.

이후 저작들은 이 통찰을 바탕으로 확장해나갔다. 『인문학, 라이프스타일을 제안하다』에서는 거대 기술에 저항한 19세기 보헤미안 예술가와 1970년대 히피 기업가를 조명했다. 『크리에이터 소사이어티』에서는 미술 공예 운동으로 산업 사회 대량 생산 체제에 대응한 윌리엄 모리스를 현대 크리에이터 경제의 창시자로 재조명했다.

기술에 대한 인류의 대응이 순환 구조를 갖는다는 인식에서 이 책을 구상했다. 세 번의 도전과 응전을 비교 분석하는 기술문화사를 완성하고자 했다. 연세대 국제학대학원에서 2021년 가을학기 이후 매 학기 'Technology and Culture' 강의를 개설했고, 2022년 2월부터는 브런치에서 '윌리엄 모리스의 후예들' 매거진을 운영해왔다.

과학기술 분야 입문 과정에서 많은 도움을 받았다. 2016년 가을학기 연구년 중 카이스트에서 강의할 기회를 제공해준 과학기술대학원 박범순 교수, 2022~2025년 카이스트 산업디자인학과 서비스 디자인 박사 학위 지도에 초대해준 남기영 교수, 2021년 가을학기 Technology and Culture 과목을 함께 강의한 연세대 국제학대학원 박민아 박사, 2023년 봄학기 Technology and Culture 조교로 기여한 이하연 박사, 카이스트 출강과 학위 지도를 통해 동료가 된 박성윤 박사와 우운지 박사, 이 책의 초안을 읽고 수정 의견을 주신 한동대 손화철 교수와 카이스트 박주용 교수

그리고 페이스북에서 과학기술에 대한 통찰을 공유해준 동료들에게 감사의 말을 전한다.

2025년 9월
모종린

참고문헌

1부. 기술과 인간, 공존의 길을 찾다

- Bell, Daniel (1973). *The Coming of Post-Industrial Society*. Basic Books.
- Bijker, Wiebe E. (1997). *Of Bicycles, Bakelites, and Bulbs: Toward a Theory of Sociotechnical Change*. MIT Press.
- Bostrom, Nick (2014). *Superintelligence: Paths, Dangers, Strategies*. Oxford University Press.
- Brand, Stewart (1968). *Whole Earth Catalog*. Portola Institute.
- Brand, Stewart (1987). *The Media Lab: Inventing the Future at MIT*. Viking.
- Carr, N. (2011). *The shallows: What the Internet is doing to our brains*. W. W. Norton & Company.
- Crawford, Kate (2021). *Atlas of AI: Power, Politics, and the Planetary Costs of Artificial Intelligence*. Yale University Press.
- de Certeau, Michel (1984). *The Practice of Everyday Life*. University of California Press.
- DeLong, Bradford (2022). *Slouching Towards Utopia: An Economic History of the Twentieth Century*. Basic Books.
- Droste, Magdalena (2002). *Bauhaus, 1919-1933*. Taschen.
- Ellul, Jacques (1954). *La Technique ou l'Enjeu du siècle*. Armand

Colin.
- Feenberg, Andrew (1999). *Questioning Technology*. Routedge.
- Galbraith, John Kenneth (1967). *The New Industrial State*. Houghton Mifflin.
- Harari, Y. N. (2016). *Homo Deus: A brief history of tomorrow*. Harvill Secker.
- Heidegger, Martin (1954). "Die Frage nach der Technik". *In: Vorträge und Aufsätze*.
- Jonas, Hans (1984). *The Imperative of Responsibility: In Search of an Ethics for the Technological Age*. University of Chicago Press.
- Kelly, K. (2010). *What technology wants*. Viking.
- Kurzweil, Ray (2005). *The Singularity is Near: When Humans Transcend Biology*. Viking.
- Latour, B. (1993). *We have never been modern (C. Porter, Trans.)*. Harvard University Press. (Original work published 1991)
- Marcus, Gary (2019). *Rebooting AI: Building Artificial Intelligence We Can Trust*. Pantheon.
- Mitcham, Carl (1994). *Thinking through Technology: The Path between Engineering and Philosophy*. University of Chicago Press.
- Mumford, Lewis (1934). *Technics and Civilization*. Harcourt, Brace and Company.
- Mumford, Lewis (1964). "Authoritarian and Democratic Technics." *Technology and Culture*, 5(1), 1-8.
- OpenAI (2022). "ChatGPT: Optimizing Language Models for Dialogue." OpenAI Blog.

- Pacey, Arnold (1983). *The Culture of Technology*. MIT Press.
- Reese, Byron (2018). *The Fourth Age: Smart Robots, Conscious Computers, and the Future of Humanity*. Atria Books.
- Russell, Stuart (2019). *Human Compatible: AI and the Problem of Control*. Viking.
- Schumacher, E. F. (1973). *Small Is Beautiful: Economics as if People Mattered*. Blond & Briggs.
- Thompson, E. P. (1967). "Time, work-discipline, and industrial capitalism". *Past & Present*, 38(1), 56–97.
- Toffler, Alvin (1980). *The Third Wave*. Bantam Books.
- Toynbee, Arnold J. (1934-1961). *A Study of History*. Oxford University Press.
- Turner, Fred (2006). *From Counterculture to Cyberculture: Stewart Brand, the Whole Earth Network, and the Rise of Digital Utopianism*. University of Chicago Press.
- Williams, Raymond (2003). *Television: Technology and Cultural Form*. Routledge.
- Winner, Langdon (1977). *Autonomous Technology*. MIT Press.
- Zuboff, S. (2019). *The age of surveillance capitalism: The fight for a human future at the new frontier of power*. PublicAffairs.
- 모종린 (2024). 『크리에이터 소사이어티』. 김영사.
- 손화철 (2020). 『호모 파베르의 미래』. 아카넷.
- 손화철 (2021). 『미래와 만날 준비』. 책숲.
- 슈마허, E.F. (2011). 『작은 것이 아름답다』. 문예출판사.
- 토플러, 앨빈 (1989). 『제3물결』. 한국경제신문.

- 이어령 (2008). 『디지로그: 선언편』. 생각의나무.
- 한준 (2024). 『한국 예술계: 기원, 발전, 쟁점』. 역사공간.

2부. 기계의 시대, 인간다움은 어떻게 지켜졌는가

- Acemoglu, Daron and Johnson, Simon (2023). *Power and Progress: Our Thousand-Year Struggle Over Technology and Prosperity*. PublicAffairs.
- Babbage, Charles (1832). *On the Economy of Machinery and Manufactures*. Charles Knight.
- Bacon, Francis (1627). *New Atlantis*. Oxford University Press.
- Binfield, Kevin (2004). *Writings of the Luddites*. Johns Hopkins University Press.
- Csikszentmihalyi, M. (1990). *Flow: The psychology of optimal experience*. Harper & Row.
- Carlyle, Thomas (1839). *Chartism*. James Fraser.
- Carlyle, Thomas (1843). *Past and Present*. Chapman and Hall.
- Cumming, Elizabeth & Kaplan, Wendy (1991). *The Arts and Crafts Movement*. Thames & Hudson.
- Davis, John R. (2007). *The Great Exhibition*. Sutton Publishing.
- Dickens, Charles (1854). *Hard Times*. Bradbury & Evans.
- Emerson, Ralph Waldo (1836). *Nature*. James Munroe and Company.
- Engels, Friedrich (1845). *The Condition of the Working Class in*

England. Leipzig: Otto Wigand.
- Gill, Eric (1940). *Autobiography*. Jonathan Cape.
- Hobsbawm, Eric (1952). "The Machine Breakers." *Past & Present* 1: 57-70.
- Hobsbawm, Eric (1968). *Industry and Empire: From 1750 to the Present Day*. Penguin Books.
- Hutchins, B.L. and Harrison, A. (1911). *A History of Factory Legislation*. P.S. King & Son.
- Landes, David (1969). *The Unbound Prometheus: Technological Change and Industrial Development in Western Europe from 1750 to the Present*. Cambridge University Press.
- MacCarthy, Fiona (1994). *William Morris: A Life for Our Time*. Faber & Faber.
- Marx, Karl (1844). *Economic and Philosophical Manuscripts of 1844*.
- More, Thomas (1516). *Utopia*.
- Morris, W. (1894, June 16). "How I became a socialist". *Justice*.
- Morris, William (1884). "Useful Work versus Useless Toil". *Socialist League*.
- Morris, William (1890). *News from Nowhere*. Reeves & Turner.
- Morris, William (1893). *Gothic Architecture*. Kelmscott Press.
- Navickas, Katrina (2005). "The Search for 'General Ludd': The Mythology of Luddism." *Social History*, 30(3): 281-295.
- Naylor, Gillian (1971). *The Arts and Crafts Movement: A Study of Its Sources, Ideals and Influence on Design Theory*. MIT Press.
- Novalis. (1798). "Pollen [Blüthenstaub]". *Athenäum*.

- Pevsner, Nikolaus (1936). *Pioneers of Modern Design*. Faber & Faber.
- Polanyi, Karl (1944). The *Great Transformation: The Political and Economic Origins of Our Time.* Farrar & Rinehart.
- Ruskin, John (1851-53). *The Stones of Venice, Volume II: The Nature of Gothic*. Smith, Elder & Co.
- Ruskin, John (1860). *Unto This Last*. Cornhill Magazine.
- Sale, Kirkpatrick (1995). *Rebels Against the Future: The Luddites and Their War on the Industrial Revolution*. Addison-Wesley.
- Schlegel, F. (1798). "Fragments [Fragmente]". *Athenäum*.
- Sennett, Richard (2008). *The Craftsman*. Yale University Press.
- Stansky, Peter (1985/1996). *Redesigning the World: William Morris, the 1880s, and the Arts and Crafts*. Princeton University Press.
- Thompson, E.P. (1955). *William Morris: Romantic to Revolutionary*. Lawrence & Wishart.
- Thompson, E.P. (1963). *The Making of the English Working Class*. Victor Gollancz Ltd.
- Thompson, E. P. (1967). Time, work-discipline, and industrial capitalism". *Past & Present*, 38(1), 56-97.
- Thompson, Paul (1991). *The Work of William Morris*. Oxford University Press.
- Thoreau, Henry David (1854). *Walden; or, Life in the Woods*. Ticknor and Fields.
- Ure, Andrew (1835). *The Philosophy of Manufactures: or, An Exposition of the Scientific, Moral, and Commercial Economy of the Factory System of Great Britain*. Charles Knight.

- Williams, Raymond (1973). *The Country and the City*. Oxford University Press.
- Winner, Langdon (1977). *Autonomous Technology: Technics-out-of-Control as a Theme in Political Thought*. MIT Press.
- Wordsworth, William and Coleridge, Samuel Taylor (1798). *Lyrical Ballads*. J. & A. Arch.

3부. 대중의 시대, 우리는 어떻게 자신을 지켜왔을까

- Acemoglu, Daron and Johnson, Simon (2023). *Power and Progress: Our Thousand-Year Struggle Over Technology and Prosperity*. PublicAffairs.
- Adorno, T. & Horkheimer, M. (1947). *Dialectic of Enlightenment*. Querido.
- Anderson, Chris (2006). *The Long Tail: Why the Future of Business Is Selling Less of More*. Hyperion.
- Barlow, John Perry (1996). "A Declaration of the Independence of Cyberspace."
- Bauman, Zygmunt (2000). *Liquid Modernity*. Polity Press.
- Bell, Daniel (1973). *The Coming of Post-Industrial Society*. Basic Books.
- Bellamy, E. (1888). *Looking backward: 2000–1887*. Ticknor and Company.
- Benjamin, Walter (1936). "The Work of Art in the Age of Mechanical

Reproduction". *Zeitschrift für Sozialforschung*.
- Bey, Hakim (1991). *T.A.Z.: The Temporary Autonomous Zone*. Autonomedia.
- Brand, Stewart (1968-1971). *Whole Earth Catalog*. Point Foundation.
- Brand, Stewart (1987). *The Media Lab: Inventing the Future at MIT*. Viking.
- Brand, Stewart (1999). *The Clock of the Long Now: Time and Responsibility*. Basic Books.
- Brand, Stewart (2009). *Whole Earth Discipline*. Viking.
- Carson, Rachel (1962). *Silent Spring*. Houghton Mifflin.
- Castells, Manuel (2001). *The Internet Galaxy: Reflections on the Internet, Business, and Society*. Oxford University Press.
- Chaplin, Charlie (1936). *Modern Times [Film]*. United Artists.
- Commoner, Barry (1971). *The Closing Circle: Nature, Man, and Technology*. Knopf.
- Ellul, Jacques (1954). *La Technique ou l'Enjeu du siècle*. Armand Colin.
- Elsner Jr., Henry (1967). *The Technocrats: Prophets of Automation*. Syracuse University Press.
- Foucault, Michel (1977). *Discipline and Punish*. Pantheon Books.
- Fry, David (2018). *The Craft of the Craftsman*. Bloomsbury.
- Ginsberg, A. (1956). *Howl and other poems*. City Lights Pocket Bookshop.
- Huxley, Aldous (1932). *Brave New World*. Chatto & Windus.

- Illich, Ivan (1973). *Tools for Conviviality*. Harper & Row.
- Isaacson, Walter (2011). *Steve Jobs*. Simon & Schuster.
- Jonas, Hans (1984). *The Imperative of Responsibility*. University of Chicago Press.
- Kanigel, Robert (1997). *The One Best Way: Frederick Winslow Taylor and the Enigma of Efficiency*. Viking.
- Kelly, Kevin (2008). "1,000 True Fans." *The Technium*.
- Kelly, Kevin (2010). *What Technology Wants*. Viking Press.
- Kerouac, Jack (1957). *On the Road*. Viking Press.
- Kraybill, Donald (2001). *The Riddle of Amish Culture*. Johns Hopkins University Press.
- Levy, Steven (1984). *Hackers: Heroes of the Computer Revolution*. Doubleday.
- Loeb, H. (1933). *Life in a technocracy: What it might be like*. Vanguard Press.
- Marcuse, Herbert (1964). *One-Dimensional Man*. Beacon Press.
- Markoff, John (2005). *What the Dormouse Said: How the Sixties Counterculture Shaped the Personal Computer Industry*. Viking.
- Mills, C. Wright (1951). *White Collar: The American Middle Classes*. Oxford University Press.
- Morris, William (1890). *News from Nowhere*. Reeves & Turner.
- Orwell, George (1949). *Nineteen Eighty-Four*. Secker & Warburg.
- Postman, Neil (1992). *Technopoly: The Surrender of Culture to Technology*. Knopf.
- Pye, David (1968). *The Nature and Art of Workmanship*. Cambridge

University Press.
- Raymond, Eric S. (1999). *The Cathedral and the Bazaar: Musings on Linux and Open Source by an Accidental Revolutionary*. O'Reilly Media.
- Riesman, David (1950). *The Lonely Crowd*. Yale University Press.
- Ritzer, George (1993). *The McDonaldization of Society*. Pine Forge Press.
- Roszak, Theodore (1969). *The Making of a Counter Culture*. Doubleday.
- Sale, Kirkpatrick (1995). *Rebels Against the Future: The Luddites and Their War on the Industrial Revolution*. Addison-Wesley.
- Schumacher, E.F. (1973). *Small is Beautiful: Economics as if People Mattered*. Blond & Briggs.
- Schumacher, E.F. (1977). *A Guide for the Perplexed*. Harper & Row.
- Sennett, Richard (2008). *The Craftsman*. Yale University Press.
- Stallman, Richard (2002). *Free Software, Free Society: Selected Essays of Richard M. Stallman*. GNU Press.
- Sterling, Bruce (1992). *The Hacker Crackdown: Law and Disorder on the Electronic Frontier*. Bantam Books.
- Taylor, Frederick W. (1911). *The Principles of Scientific Management*. Harper & Brothers.
- Thompson, E.P. (1963). *The Making of the English Working Class*. Victor Gollancz Ltd.
- Thompson, E. P. (1967). "Time, work-discipline, and industrial capitalism". *Past & Present*, 38(1), 56-97.

- Thoreau, Henry David (1854). *Walden; or, Life in the Woods*. Ticknor and Fields.
- Toffler, Alvin (1980). *The Third Wave*. William Morrow.
- Turner, Fred (2006). *From Counterculture to Cyberculture: Stewart Brand, the Whole Earth Network, and the Rise of Digital Utopianism*. University of Chicago Press.
- Veblen, Thorstein (1921). *The Engineers and the Price System*. B.W. Huebsch.
- Whyte, William H. (1956). *The Organization Man*. Simon & Schuster.
- Willard, Raymond (2011). *Growing Up Amish*. Jossey-Bass.
- Winner, Langdon (1986). *The Whale and the Reactor: A Search for Limits in an Age of High Technology*. University of Chicago Press.

4부. AI 시대, 인간에게 던져진 새로운 질문

- Altman, Sam (2023). "The Case for AI Optimism." *OpenAI Blog*.
- Anderson, Chris (2006). *The Long Tail: Why the Future of Business Is Selling Less of More*. Hyperion.
- Bostrom, Nick (2014). *Superintelligence: Paths, Dangers, Strategies*. Oxford University Press.
- Brand, Stewart (1968). *Whole Earth Catalog*. Point Foundation.
- Casper, S., Krueger, D., & Hadfield-Menell, D. (2025). "Pitfalls of Evidence-Based AI Policy". *arXiv*. https://arxiv.org/abs/2502.09618

- Crawford, Kate (2021). *Atlas of AI: Power, Politics, and the Planetary Costs of Artificial Intelligence*. Yale University Press.
- De Filippi, P., & Wright, A. (2018). *Blockchain and the Law: The Rule of Code*. Harvard University Press.
- Deloitte. (2020, August 26). "Deloitte introduces Trustworthy AI framework to guide organizations in ethical application of technology [Press release]". *PR Newswire*.
- Deloitte. (2024). "AI Ethics: A Business Imperative for Boards and C-suites". *Deloitte Insights*.
- Doctorow, C. (2020). *How to Destroy Surveillance Capitalism*. EFF Press.
- Field, S. (2025). "Why do Experts Disagree on Existential Risk and P(doom)?: A Survey of AI Experts". *arXiv*. https://arxiv.org/pdf/2502.14870
- Florida, Richard (2012). *The Rise of the Creative Class, Revisited*. Basic Books.
- Gent, E. (2024). "The tech industry can't agree on what open-source AI means. That's a problem." *MIT Technology Review*, March 25, 2024.
- Giovine, C., Roberts, R., Pometti, M., & Bankhwal, M. (2024). "Building AI Trust: The Key Role of Explainability". McKinsey & Company, November 2024.
- Harvey, David (2012). *Rebel Cities: From the Right to the City to the Urban Revolution*. Verso.
- Harris, T. (2017, April). *How a handful of tech companies control*

billions of minds every day [Video]. TED Conferences.
- Jacobs, Jane (1961). *The Death and Life of Great American Cities*. Random House.
- Jin, Li (2020). "The Creator Economy Needs a Middle Class." *Harvard Business Review*.
- Kaczynski, Theodore (1995). *Industrial Society and Its Future*.
- Keith, Jim (2021). "The Resurgence of Neo-Luddism in the Age of AI." *Technology and Society Review*.
- Kelly, Kevin (2008). "1,000 True Fans." *The Technium*.
- Kurzweil, Ray (2012). *How to Create a Mind: The Secret of Human Thought Revealed*. Viking.
- Landry, Charles (2008). *The Creative City: A Toolkit for Urban Innovators*. Routledge.
- Marcus, Gary & Ernest Davis (2019). *Rebooting AI: Building Artificial Intelligence We Can Trust*. Pantheon.
- Mason, P. (2015). *Postcapitalism: A Guide to Our Future*. Allen Lane.
- McKinsey Global Institute (2021). *The Future of Work after COVID-19*.
- McKinsey Global Institute. (2023, June 14). *The economic potential of generative AI: The next productivity frontier*. McKinsey & Company.
- McKinsey. (2024, November 26). *Building trust in AI: The role of explainability*. McKinsey Insights.
- Montgomery, Charles (2013). *Happy City: Transforming Our Lives Through Urban Design*. Farrar, Straus and Giroux.
- Morris, William (1890). *News from Nowhere*. Reeves & Turner.

- Newport, Cal (2019). *Digital Minimalism: Choosing a Focused Life in a Noisy World*. Portfolio.
- Oldenburg, Ray (1999). *The Great Good Place*. Da Capo Press.
- OpenAI (2022). "ChatGPT: Optimizing Language Models for Dialogue." *OpenAI Blog*.
- Porter, M. E., & Kramer, M. R. (2011). "Creating Shared Value". *Harvard Business Review*, 89(1/2), 62-77.
- Rifkin, Jeremy (2014). *The Zero Marginal Cost Society: The Internet of Things, the Collaborative Commons, and the Eclipse of Capitalism*. Palgrave Macmillan.
- Sale, Kirkpatrick (2020). *The World Behind Digital Utopianism*. Duke University Press.
- Scholz, T. (2016). *Platform Cooperativism: Challenging the Corporate Sharing Economy*. Rosa Luxemburg Stiftung.
- Sennett, Richard (2008). *The Craftsman*. Yale University Press.
- Sennett, Richard (2018). *Building and Dwelling: Ethics for the City*. Farrar, Straus and Giroux.
- Smith, N. (1996). *The New Urban Frontier: Gentrification and the Revanchist City*. Routledge.
- Srnicek, Nick (2016). *Platform Capitalism*. Polity.
- Tegmark, Max (2017). *Life 3.0: Being Human in the Age of Artificial Intelligence*. Knopf.
- Terranova, T. (2004). *Network Culture: Politics for the Information Age*. Pluto Press.
- The Royal Society (2021). *AI Governance: Opportunities and*

Challenges.
- Thompson, Clive (2021). "The Creator Economy." *The New York Times Magazine*.
- Turner, Fred (2006). *From Counterculture to Cyberculture: Stewart Brand, the Whole Earth Network, and the Rise of Digital Utopianism*. University of Chicago Press.
- World Economic Forum (2023). *The Global AI Action Alliance: Shaping the Future of AI*.
- Yudkowsky, Eliezer (2023). "The AI Alignment Problem." *Machine Intelligence Research Institute*.
- Zhang, Baobao et al. (2023). "The AI Governance Challenge." *Nature Machine Intelligence*.
- Zukin, Sharon (2010). *Naked City: The Death and Life of Authentic Urban Places*. Oxford University Press.
- Zuboff, Shoshana (2019). *The Age of Surveillance Capitalism: The Fight for a Human Future at the New Frontier of Power*. Profile Books.
- 이원태. (2025, 3월 27일). 증거 기반 AI 정책의 함정: AI 거버넌스를 위한 '과정 규제'(증거수집 접근법)의 중요성 [페이스북 포스트].
- 이원태. (2025, 3월 30일). 도구(tool)인가, 행위자(agent)인가: AI 위험을 바라보는 AI전문가들의 이분화된 세계관 [페이스북 포스트].

5부. 기술을 인간적으로 쓰기 위한 우리의 선택

- Anderson, Chris (2012). *Makers: The New Industrial Revolution*.

Crown Business.
- De Filippi, P., & Wright, A. (2018). *Blockchain and the Law: The Rule of Code*. Harvard University Press.
- Doctorow, C. (2020). *How to Destroy Surveillance Capitalism*. EFF Press.
- Florida, Richard (2012). *The Rise of the Creative Class, Revisited*. Basic Books.
- Harvey, David (2012). *Rebel Cities: From the Right to the City to the Urban Revolution*. Verso.
- Jenkins, H. (2006). *Convergence Culture: Where Old and New Media Collide*. NYU Press.
- Jin, Li (2020). "The Creator Economy Needs a Middle Class." *Harvard Business Review*.
- Kelly, Kevin (2008). "1,000 True Fans." *The Technium*.
- Landry, Charles (2008). *The Creative City: A Toolkit for Urban Innovators*. Routledge.
- Mason, P. (2015). *Postcapitalism: A Guide to Our Future*. Allen Lane.
- Montgomery, Charles (2013). *Happy City: Transforming Our Lives Through Urban Design*. Farrar, Straus and Giroux.
- Morris, William (1890). *News from Nowhere*. Commonweal.
- Rifkin, J. (2014). *The Zero Marginal Cost Society: The Internet of Things, the Collaborative Commons, and the Eclipse of Capitalism*. Palgrave Macmillan.
- Sennett, Richard (2018). *Building and Dwelling: Ethics for the City*. Farrar, Straus and Giroux.

- Smith, N. (1996). *The New Urban Frontier: Gentrification and the Revanchist City*. Routledge.
- Srnicek, N. (2016). *Platform Capitalism*. Polity.
- Terranova, T. (2004). *Network Culture: Politics for the Information Age*. Pluto Press.
- Turner, Fred (2006). *From Counterculture to Cyberculture: Stewart Brand, the Whole Earth Network, and the Rise of Digital Utopianism*. University of Chicago Press.
- Zukin, Sharon (2010). *Naked City: The Death and Life of Authentic Urban Places*. Oxford University Press.

KI신서 13749
제3의 응전

1판 1쇄 인쇄 2025년 9월 1일
1판 1쇄 발행 2025년 9월 10일

지은이 모종린
펴낸이 김영곤
펴낸곳 ㈜북이십일 21세기북스

인생명강팀장 윤서진 **인생명강팀** 박강민 유현기 황보주향 심세미 이현지 이수진
디자인 박은정
영업팀 정지은 한충희 장철용 강경남 황성진 김도연 이민재
제작팀 이영민 권경민

출판등록 2000년 5월 6일 제1406-2003-061호
주소 (10881) 경기도 파주시 회동길 201(문발동)
대표전화 031-955-2100 **팩스** 031-955-2151 **이메일** book21@book21.co.kr

㈜북이십일 경계를 허무는 콘텐츠 리더

21세기북스 채널에서 도서 정보와 다양한 영상자료, 이벤트를 만나세요!
페이스북 facebook.com/jiinpill21 포스트 post.naver.com/21c_editors
인스타그램 instagram.com/jiinpill21 홈페이지 www.book21.com
유튜브 youtube.com/book21pub

서울대 가지 않아도 들을 수 있는 명강의! 〈서가명강〉
'서가명강'에서는 〈서가명강〉과 〈인생명강〉을 함께 만날 수 있습니다.
유튜브, 네이버, 팟캐스트에서 '서가명강'을 검색해보세요!

ⓒ 모종린, 2025
ISBN 979-11-7357-459-7 04300
　　　978-89-509-9470-9 (세트)

- 이 책 내용의 일부 또는 전부를 재사용하려면 반드시 (주)북이십일의 동의를 얻어야 합니다.
- 잘못 만들어진 책은 구입하신 서점에서 교환해드립니다.
- 책값은 뒤표지에 있습니다.

대한민국 대표 교수진의 지식 공유 프로젝트

인생명강
내 인생에 지혜를 더하는 시간

사는 게 어렵고 막막할 때 우리는 어디에서 답을 찾아야 할까?
'인생명강'은 전국 대학의 명강의를 엮은 시리즈로,
오늘을 살아갈 지혜와 내일을 꿰뚫어보는 인사이트를 선사한다.
과학·철학·역사·경제·문학 등 다양한 분야의 지식 콘텐츠를 만날 수 있다.

심리

권일용 저 │ 『내가 살인자의 마음을 읽는 이유』
권수영 저 │ 『관계에도 거리두기가 필요합니다』
한덕현 저 │ 『집중력의 배신』

경제

김영익 저 │ 『더 찬스 The Chance』
한문도 저 │ 『더 크래시 The Crash』
김두얼 저 │ 『살면서 한번은 경제학 공부』

과학

김범준 저 | 『내가 누구인지 뉴턴에게 물었다』
김민형 저 | 『역사를 품은 수학, 수학을 품은 역사』
장이권 저 | 『인류 밖에서 찾은 완벽한 리더들』

인문/사회

김학철 저 | 『허무감에 압도될 때, 지혜문학』
정재훈 저 | 『0.6의 공포, 사라지는 한국』
권오성 저 | 『당신의 안녕이 기준이 될 때』

고전/철학

이진우 저 | 『개인주의를 권하다』
이욱연 저 | 『시대를 견디는 힘, 루쉰 인문학』
이시한 저 | 『아주 개인적인 군주론』